张克群 著

北京古建筑物语

八面来风

化学工业出版社

·北京·

图书在版编目（CIP）数据

北京古建筑物语. 三, 八面来风 / 张克群著. —北京：化学工业出版社, 2017.7（2020.4 重印）
ISBN 978-7-122-29630-6

Ⅰ.①北… Ⅱ.①张… Ⅲ.①古建筑—介绍—北京
Ⅳ.①K928.71

中国版本图书馆CIP数据核字(2017)第100797号

责任编辑：周天闻　龚风光　　　　装帧设计：后声文化
责任校对：宋　玮

出版发行：化学工业出版社（北京市东城区青年湖南街 13 号　邮政编码 100011）
印　　装：北京新华印刷有限公司
880mm×1230mm 1/32　印张 7½　字数 140 千字
2020 年 4 月北京第 1 版第 6 次印刷

购书咨询：010-64518888　　　　　售后服务：010-64518899
网　　址：http://www.cip.com.cn
凡购买本书，如有缺损质量问题，本社销售中心负责调换。

定　价：48.00 元　　　　　　　　　　　　版权所有　违者必究

序一

记得妈妈领着年幼的我和妹妹在颐和园长廊仰着头讲每幅画的意义，在每一座有对联的古老房子前面读那些抑扬顿挫的文字，在门厅回廊间让我们猜那些下马石和拴马桩的作用，并从那些静止的物件开始讲述无比生动的历史。

那些颓败但深蕴的历史告诉了我和妹妹世界之辽阔，人生之倏忽，而美之永恒。

妈妈从小告诉我们的许多话里，迄今最真切的一句就是这世界不止眼前的苟且，还有诗与远方——其实诗就是你心灵的最远处。

在我和妹妹长大的这么多年里，我们分别走遍了世界，但都没买过一尺房子。因为我们始终坚信诗与远方才是我们的家园。

妈妈生在德国，长在中国，现在住在美国，读书画画考察古建，颇有民国大才女林徽因之风（年轻时容貌也毫不逊色）。那时梁思成林徽因两先生在清华胜因院与我家比邻而居，妈妈最终听从梁先生建议读了清华建筑系而不是外公希望的外语系，从此对古建痴迷一生。并且中西建筑融会贯通，家学渊源又给了她对历史细部的领悟，因此才有了这本有趣的历史图画（我觉得她画的建筑不是工程意义上的，而是历史的影子)。我忘了这是妈妈写的第几本书了，反正她充满乐趣的写写画画总是如她乐观的性格一样情趣盎然，让人无法释卷。

　　妈妈从小教我琴棋书画，我学会了前三样并且以此谋生。第四样的笨拙导致我家迄今墙上的画全是妈妈画的。我喜欢她出人意表的随性创意，也让我在来家里的客人们面前常常很有面子——这画真有意思，谁画的？我妈画的！哈哈！

　　为妈妈的书写序想必是每个做儿女的无上骄傲，谢谢妈妈，在给了我生命，给了我生活的道路和理想后的很多年，又一次给了我做您儿子的幸福与骄傲。我爱你。

高晓松

北京有大量的新建筑，又有历史留下的丰富的古老建筑和近代建筑，可以统称之为历史建筑。新建筑和历史建筑都是不可缺的，新建筑满足现今的实用需求，历史建筑是珍贵的文化遗产。有人认为现今的建筑不如过去，有厚古薄今的倾向，我主张以杜甫"不薄今人爱古人"的观点对待古今建筑。

建筑是物质文化与精神文化耦合的产物。每一座建筑都铭记着建造年代的生产技术与社会人文状况。新建筑所带的信息，限于当时当代，而老建筑在其存在的过程中，长时期与过去时代的人和事直接或间接地有所牵连，因而附着和积淀了比新建筑远为丰富的人文信息，相关的历史文化物化于其中，可触，可感，是某一历史片断的真实凭证，能引人遐思，感动今人，因此更有看头。人们在国内和境外旅游，对古老的建筑有兴致，这是原因之一。

建筑既是实用之物，又是一种艺术品，而且多数是一种公共艺术品，一般情况下，人们容易看到和观赏。然而，与文学、戏剧、绘画等艺术门类相比，建筑艺术是象征性的，它自身不能叙事，一般人要认识和理解建筑中包含的信息，需要有人加以指点、讲解才行。张克群女士所著

《红墙黄瓦》《晨钟暮鼓》及《八面来风》三种著作，对北京众多古建筑和近代建筑作了简明扼要的介绍和生动的讲解，正好满足人们观看和理解北京古、近代著名建筑的需要。这些书不仅对外来者有用，对长居北京的人也有裨益，值得向读者推荐。

我曾在清华大学建筑学院学习，后来做教员，克群听过我的课。而我在做学生时，先读的是航空工程系，当时听过克群父亲张维教授的力学课，张维先生透彻的讲解、洪亮的话音迄今不忘。克群的母亲、著名流体力学家陆士嘉教授当时在清华航空工程系任教，我后来改学建筑，未及聆听她的讲课。这都是半个多世纪以前的事了。

克群完成这些书，即将付印，我很高兴，是为序。

吴焕加
清华大学教授

（吴焕加，1929年生于苏州，清华大学建筑学院教授，中国建筑学会建筑师学会建筑理论与创作学术委员会委员。对中外建筑史研究颇深。著有《外国现代建筑二十讲》《建筑学的属性》《20世纪西方建筑名作》《中外现代建筑解读》等。）

我的建筑情结

我从小到大一直在清华大学里转悠。开始是念清华附小,然后是清华附中、清华大学。要说清华园,那真是个得天独厚的世外桃源啊:不光是有山有水有河流,而且它既有清代王府的底子,又在外国人手底下建了一批"洋房",这简直就是个东西方文化融汇的小型实物建筑博物馆。

我家后面不远的地方住着建筑系的教授梁思成先生,我们称他为梁伯伯。梁伯伯下巴上有个挺大的痦子,我曾问过他那是干什么用的,他说:"我要是想你了,就按它一下,嘟嘟两声,你就来啦。"我信以为真地踮起脚用手去按了一下,结果并没有发出什么声音来,倒是逗得梁伯伯哈哈大笑起来。

1959年我上高中一年级。那年暑假,大学组织教师和家属去北戴河海边避暑。这天我正坐在沙滩上写生,忽听脑袋上方一个和蔼的声音:"啊,你喜欢画画呀,画得还不错嘛。"抬头一看,是刚刚游泳上岸的梁思成伯伯。梁伯伯问我高中毕业后想考什么大学,我说还没想过。梁伯伯说:"想不想学建筑呀?"我问:"建筑是学什么的?盖房子吗?"梁伯伯光着膀子坐在我的边上,连比带画地给我讲了起来。大致意思是说建筑是比工程多艺术，比艺术多工程。我说，那我将来就考建筑系吧。梁伯伯一听很是高兴，叫上刚从海里爬上来湿淋淋的弟弟一起照了张相。

1961年，我如愿地考上了清华建筑系，终于可以正式在课堂上听梁先生讲课了。梁先生教的是中国古代建筑史。作为他的学生，我亲眼目睹了他对中国古建由衷的热爱。在放幻灯片时，他会情不自禁地趴到当作幕布的白墙上，抚摩着画面上的佛像，口中念念有词道："我是多么喜欢这些佛爷的小胖脚指头啊！"在他的课上，我深切地感到中国文化深厚的底蕴和古代匠人们的聪明睿智。

2002年春天，我基本退休了，我想：既然生活在北京，我就要把身边的古代建筑先闹个明白。于是我边查阅资料，边看实物。从5月初到11月底，我跑遍了北京城里和远近郊区县的大小村庄。一听见谁谁说哪里有个古庙，马上驱车前往。朋友们都笑称我是"破庙迷"。后来因故到了美国，当了个大闲人，为了打发光阴，几易其稿，终于纂成了三本"北京古建筑物语"。其一，《红墙黄瓦》，说的是皇家建筑；其二，《晨钟暮鼓》，讲的是宗教建筑；其三，《八面来风》，叙的是早期洋人在北京盖的建筑。

有人问我："费了半天牛劲，你为什么呢？出版赚钱？写着过瘾？"

我说："什么也不为，只为此生的这段建筑情结。"

引子 ……… 016

卷一·早期洋式建筑

教堂

南堂（宣武门堂）……… 027
东堂（王府井堂）……… 029
北堂（西什库堂）……… 034
西堂（西直门堂）……… 037
东交民巷教堂 ……… 040
永宁堂 ……… 043
南岗子堂 ……… 043

西洋楼式建筑·整体建筑

圆明园西洋楼 ……… 045
颐和园清晏舫 ……… 056
畅观楼 ……… 057
六国饭店 ……… 062

新法国公使馆 096
新俄国公使馆 096
新美国公使馆 099
比利时公使馆 099
奥地利公使馆 101
新日本公使馆 102
荷兰公使馆 103

银行

俄国俄华道胜银行 106
英国汇丰银行 108
德国德华银行 108
日本横滨正金银行 111
法国东方汇理银行 116
美国花旗银行 117

西洋楼式建筑·洋脸谱

- 中南海海晏堂 064
- 陆军部衙署 066
- 恭王府花园 069
- 住宅大门 074
- 商家店铺 077
- 农事试验场 079

卷二·东交民巷建筑

使馆

- 英国公使馆 090
- 法国公使馆 090
- 美国公使馆 091
- 俄国公使馆 092
- 日本公使馆 093
- 新英国公使馆 095

清末新式学校

- 顺天中学 … 142
- 京师女子师范学堂 … 144
- 陆军贵胄学堂 … 148
- 京师大学堂 … 148
- 清华学校 … 154

清末铁路建筑

- 马家堡车站 … 171
- 正阳门东车站 … 171
- 清华园车站 … 175
- 张家口车站 … 175

清末公共及工业建筑

- 北京饭店 … 177
- 溥利呢革公司 … 178
- 京师自来水公司 … 178

其他建筑

- 圣米厄尔天主教堂 119
- 同仁医院 120
- 祁罗弗洋行 120
- 第二代六国饭店 122
- 北京俱乐部 124
- 法国邮局 125

卷三 · 清末民初建筑

清末政府建筑

- 资政院与法律学堂 131
- 外务部迎宾馆 134
- 大理院 136

清末教会学校

- 潞河中学 139

卷五·长城

金山岭长城 ································ 226

司马台长城 ································ 226

慕田峪长城 ································ 232

八达岭关长城 ······························ 232

跋：我的北京 ······························ 237

参考文献 ··································· 239

民国初年办公及商业建筑

国会议场 ………………………………………………… 183
盐业银行 ………………………………………………… 186
劝业场 …………………………………………………… 186
北京水准原点房 ………………………………………… 190
厂甸 ……………………………………………………… 193
协和医院外籍大夫住宅群 ……………………………… 194
外国神父墓地 …………………………………………… 197

卷四·古桥

卢沟桥 …………………………………………………… 202
万宁桥 …………………………………………………… 208
永通桥 …………………………………………………… 214
朝宗桥 …………………………………………………… 218
通运桥 …………………………………………………… 220

引子

自汉唐代以来，中国作为一个泱泱大国，跟周围邻居建立了互通有无的友好关系。千百年来不断地有人走出去，也请进来外人。尤其是北京，本来就曾是好几个朝代的首都。首都是一个国家的心脏，又是脸面。脸是要见人的，跟外国打交道的机会就会多，这就造成了各民族、各国文化的融合。反映在建筑上，就有了用途繁杂、风格各异的房子。特别是第一次鸦片战争之后，中国几千年来的闭关锁国被洋枪洋炮给轰开了，打破了。洋人带来了面包、啤酒、火车、机器、西服、礼帽，也带来了洋式房子，即本书所提的"洋风"建筑。

关于"洋风"这个词，可能尚在被讨论、有争议的阶段。因为是个新概念，对于洋风是怎样刮起来的，不免多说几句。

早在明末清初之季，就有天主教的外籍传教士在北京地区传教，并在此后兴建了俗称南堂、东堂、北堂、西堂的四座天主教堂。

自从 1840 年第一次鸦片战争以来，外国的文化对中国就有了更多的渗透。但那时清政府还有口热气儿，也就有胆子抵制。这种渗透也就跟雨天屋漏似的，只有点点滴滴的皇家园林和几座教堂而已。圆明园里最早的洋式建筑，恐怕要数远瀛观了。这是乾隆二十四年（1759年）为取悦他心爱的香妃而建的。以后，我们会再提它。

1900年以后，大批的传教士跟在外国枪炮屁股后头来了，商人、工程师、冒险家、淘宝人、小偷、强盗……乌泱乌泱地不远万里来到中国，为的是自己的钱包或信仰或别的什么。而清廷呢，在外国人的逼迫和国人改革的呼声日益高涨之下，也醒过点儿闷儿来，开始要改革了。1901年慈禧还在西安流亡着，就发布谕旨，宣布变法。1906年光绪进一步宣布"预备立宪"。一时间学习西方成了最时髦的词语和举动。张之洞大力提倡的"中体西用"被许多有识之士所接受。中国近代的中西建筑文化大融合就是在这种背景下开始的。

这里不免要对我的本家张之洞老先生多说几句。张之洞，天津人氏，1837年生，1909年卒。才活了72岁。张之洞是晚清洋务派的主要倡导者，提倡"中学为体，西学为用"。在他1889—1907年任湖广总督这18年间，他曾经创办汉阳铁厂、大冶铁矿、湖北枪炮厂等重工业。我国最早的现代式步枪汉阳造，就出自湖北枪炮厂（后改名汉阳兵工厂）。他还创办了湖北织布局、湖北缫丝局等一批轻工业。可以说，他在我们这个农业大国里，为兴建中国的第一批工业立下汗马功劳啊！

不仅如此，他还特重视教育。1890年，他创建两湖书院，1893年创办自强学堂（武汉大学前身）。1894年邀请外国教官训练江南自强军，又按照德国制式改湖北旧军队为新式陆军。

你说他是洋派吧，可他还特爱国。他曾上奏朝廷，要求铸造"龙洋"，以抵制外国的银子流入中国。

顺便说一声，这位爷办了如此多的实业，要是某些人，还不得办得个脑满肠肥富可敌国啊！可他为官极为清廉，家中只有薄田数亩，即使死后，家人按遗训也没再添置一亩地。

可惜他没在北京当官，这里也就没有留下他的痕迹。

又幸亏当时已经有了中国照相技术，使得我们能看见这位革新派先驱的老爷子那忧国忧民的憔悴面容。

当然，作为几千年封建王朝中心，北京对外来文化从根儿起是比较抵制的。这使得北京的西化程度远小于，也慢于上海、青岛、汉口、天津乃至一些中小城市。那些城市是从格局到个体建筑，几乎全盘西化。有些城市根本就是随着外国人进

张之洞像

入而诞生的。而北京城总的格局仍是四平八稳方方正正的帝王之都。只有个别地区,个别建筑建成了"洋式"的。就像咱们如今在饭馆吃饭,基本上是川鲁粤淮之类的中餐,偶尔撮一顿西餐一样。

　　从城市的总体来看,明清北京城是为皇上建的,它的总体规划主要是为突出王权,至于使用功能,那是次要问题。再说古时候既没火车也没汽车,皇上和大官儿坐轿子,老百姓腿儿着,交通不是城市规划要考虑的大问题。等到外国人开着车来了,发现在这里简直是到处碰壁,于是乎开始拆墙。毕竟方便比古都风貌更为重要。

永定门瓮城豁口

1900 年，八国联军的英、美军司令部驻扎在天坛里，而京奉铁路已经修到了南面永定门外的马家堡。为了他们的方便，英国人率先在永定门东侧的瓮城墙扒开了一道豁口，连天坛的墙也给豁开了，把铁路引了进来。老天爷也没把他们怎么着，白给他烧香了。

这样一来，英国人就把原来京奉铁路的终点从马家堡挪到了天坛里边。还嫌不够，1901 年又延至了正阳门，以便使馆人员乘坐方便。顺便说一下，马家堡在如今的丰台区，大约是今北京南站的地方。

此外，英军还把东便门南的城墙扒开，修了东便门到通州

东南角楼城墙豁口

的铁路支线。

1903年为修环城铁路，又在东南角楼旁开了个口子。

1913年打通了长安街，打开了景山后街，又在故宫两侧捅开了两条大道：南北长街和南北池子。1915年拆除了正阳门瓮城，等等。自打有了东交民巷的使馆区和正阳门火车站，商业中心也从原来的东单西单向离使馆较近的前门等地区扩展。北京开始了"现代化"的进程。

老是有人说北京的城墙是20世纪60年代扒的。要叫我说呢，20世纪60年代叫大扒，全扒。民国时期叫小扒，起始扒却是1902年。

从个体建筑来讲，1900年后开始出现了批量的洋式的或半洋半中的使馆、银行、商店、学校、政府建筑甚至工厂。这样一来，大屋顶一统的天下就被打破，被改变了。

带来这些变化的，或者说设计这些建筑的一部分是洋人，一部分是老海归。我把他们所做的建筑物归为三类：1.洋人做的洋建筑；2.国人做的洋建筑；3.洋人做的中式建筑。后者不在本书讨论之列。

洋人也罢，国人也好，他们在上个世纪初所盖的洋房受到那一时期欧美风气的影响，从风格来讲多为折中的复古主义。就是说有点儿模仿古罗马古希腊的柱式啦山花啦以及繁复的线条等等，但比纯粹古典又简化了些。

教我们西方建筑史的吴焕加先生曾对我说，现代中国建筑设计所遵循的文脉，与其说是国产的大屋顶木结构，不如说更多是来自这些洋风建筑。我认为：这其中很重要的原因是木头不再，也不能再成为主要建筑材料了，取而代之的是砖头、混凝土乃至钢铁，等等。再要用混凝土捏成细小的斗拱，恐怕就太勉为其难了吧。但那会儿有谁打算去外国考察建筑设计，大概是痴人说梦，因此在我国领土上洋式的砖石结构的房子就成了现成的老师或曰模特。

如何给这些林林总总的洋房子排个顺序，让我有点儿头痛：纯粹按建造年代吧，类型太乱；完全按类型吧，建造年代拉得又太长。最后决定主要按类型，同一类型里的建筑物再按建造年代的先后排。这样可能让您对某一时期大概流行什么建筑能有个比较清楚的印象。

好吧，开场锣敲完了，咱们这顿西餐开饭吧。有些不能列为建筑的东西（术语叫构筑物），如长城、古桥，也都很精彩，都是咱们祖宗自主研发的，就给列在本书的后面了。

卷一

早期洋式建筑

教堂

早在1294年,就有来自罗马天主教的修士孟高维诺来中国游说,并建了一个小教堂。此后,又有天主教的人在元大都建教堂。那时的天主教被称为也里可温教。如今元大都只剩下土城了,当然这座小教堂也早就上了天堂(上帝保佑它在天堂里成为文物级的房子)。但据当时的记载,它的建筑形式令国人大为惊诧。可见大约不是一般的中式大屋顶。大概因为元成宗不排斥任何宗教吧,这个教堂敢弄出点与众不同的动静来。

元代的天主教堂就剩下门头沟后桑峪教堂(公元1334年建)了,可它根本用的就是村里老地主的民房。连北京城里的宣武门南堂、西什库北堂,一开始都只敢建中式教堂。后来随着大清帝国的改革开放程度不断增加,才变成了洋式脸面。可是天主教不让信徒拜孔子和祖先,这令老百姓和皇上很不快。康熙年间,许多教堂被官方没收和拆除。直到1860年清政府在第二次鸦片战争中败北,根据中国与英法的条约,各教堂得以重建,又在1900年义和团运动中再次几乎全部被捣毁。1901年《辛丑条约》后,天主教、基督教加快了输入和建设的脚步，简直可以说是掀起了建设教堂的高潮。这一波建设的教堂比老一代的明显本土化了，砖雕代替了石雕就是明显的特点。

南堂（宣武门堂）

南堂最早是明万历三十三年（公元 1605 年）由意大利传教士利玛窦兴建的。早期的南堂名叫宣武门礼拜堂，规模非常小，是一座中国传统建筑，仅在醒目位置安放了一座十字架而已。清顺治帝挺喜欢来这里跟汤若望聊天。康熙四十二年（公元 1703 年），宣武门南堂重修工程开始。康熙皇帝这人比较开放，因此新的南堂就大胆尝试着建成了欧洲风格的。康熙五十九年（公元 1720 年），北京发生大地震，南堂建筑在地震中遭到损毁，次年重建的南堂改用了当时在欧洲非常流行的巴洛克式建筑风格。

乾隆四十年（公元 1775 年），南堂遭火灾，后乾隆赐银万两重修。1900 年再度被毁，1904 年第四次重修。这回的南堂主堂仍然用的巴洛克风格，但没有完全遵从老式样，而是在两侧加了走廊，正立面加高了山墙，山墙立面上有从下到上的通柱，顶部是巨大的涡旋形装饰。这就是人们今天看到的宣武门天主堂的建筑。

宣武门南堂的大门为中式，而教堂主体建筑为砖结构的典型的巴洛克风格，三个宏伟的砖雕拱门并列，将整个建筑立面装点得豪华而庄严，整个建筑的砌筑采用磨砖对缝，精美的砖雕随处可见。教堂的室内空间运用了穹顶设计，两侧配以五彩的玫瑰花窗，气氛庄严肃穆。

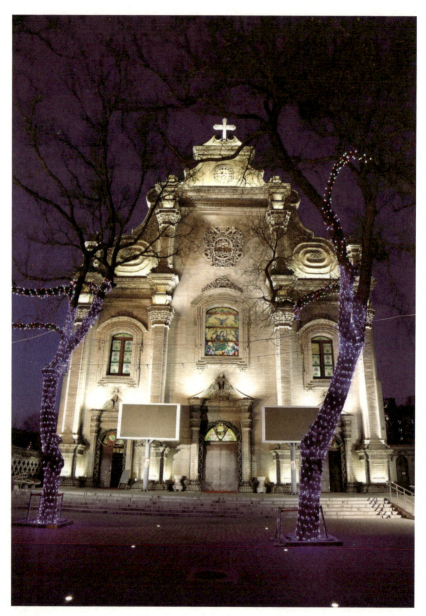

南堂

南堂全景

东堂（王府井堂）

东堂始建于清顺治十二年（公元 1655 年）。康熙初年，两位外国传教士重建了东堂，将原本的中式建筑改建为西式风格的建筑。康熙四年（公元 1665 年），北京城内掀起了反天主教的浪潮，在这次浪潮中，东堂跟其他教堂一样受到了较大的破坏。

康熙六十年（公元 1721 年），主持东堂的费隐教士重建了王府井天主堂，重建工程由传教士利博明作为建筑师设计成罗

1884 年版东堂立面图

马式,传教士兼清宫廷画师郎世宁主理了建筑的绘画和装饰。据记载,当时的教堂门窗均有彩色玻璃花窗装饰。

经过一百多年沧桑之后,教堂已破烂不堪。光绪六年(公元 1880 年),天主教北京教区主教田类思向欧洲募款重建东堂,光绪十年(公元 1884 年),新东堂建成。新东堂仍为砖木结构罗马式建筑,内部支撑为木柱,墙体则以城砖砌成。建筑

1904年版东堂立面图

平面取十字形，正面建有三座钟楼，均做穹顶结构，钟楼顶端均装饰有十字架。

在1900年爆发的义和团运动中，东堂被毁。1904年法国和爱尔兰用庚款重建了东堂，这就是东堂现存的建筑。重建后的东堂基本维持了1884年版的样子，只是少了两侧的肩膀，显得跟减肥了似的。不过倒也不难看。而内部则更加豪华了，反正

东堂

东堂全景

有的是钱了。正祭台采用意大利进口的大理石镌成。台前短柱，皆以珐琅烧成，璀璨之极。院墙的大门也做成了洋式的。

2000年，北京市政府配合王府井大街扩建工程拨巨款将东堂内外整修一新，拆除院墙，扩建堂前广场，改建圣若瑟纪念亭，还加了喷泉地灯。亭内雕像洁白，入夜灯光绚丽。东堂迎来了它历史上从未有过的辉煌，成为市内最雄伟壮观的天主教堂。而且被院墙圈着的教堂得以露出它的真面目，与广大市民直面相见，也解除了我每每路过这里看着灰灰的大墙的好奇心。它的光彩绚丽不但令教众们引以为荣，而且为北京的街景增添了许多光彩。每日里前来观赏的人群络绎不绝。

北堂（西什库堂）

西什库天主教堂最初是由两位法国传教士于康熙四十二年（公元1703年）在西安门内蚕池口建的中式小教堂。清朝中叶，民间反对天主教的势力与天主教会不断发生摩擦，道光七年（公元1827年），政府查封了蚕池口天主教堂，并没收了全部教产。

第二次鸦片战争（公元1860年）后，清政府害怕外国，于是主动向教会归还了教堂的土地。

同治三年（公元1864年），由主教孟振生主持在北堂原址建立了一座高大的哥特式建筑，由于蚕池口临近皇家禁地，高大的教堂钟楼令老佛爷不悦。经交涉，教堂同意搬家，由清政府出资修建新教堂。光绪十四年（公元1888年），新教堂在不远的西什库正式落成。

到了1900年，在义和团和清军的联合攻打下，教堂局部受到破坏。1901年重修时，由于清政府掏钱大方，主教堂趁机增高了一层，使得其哥特式的高耸风格更加突出。

我们现在所看见的西什库教堂的主堂为一座三层哥特式建筑，顶端共由11座尖塔构成，建筑平面呈十字形，建筑面积约2200平方米，高16.5米，钟楼尖端高约31米。教堂建筑的正面有三个尖顶拱券形入口，入口拱门之间雕刻有圣若望和圣保禄等四圣像，建筑正立面上的门窗均用汉白玉石刻装饰，正门中央主跨上有一扇瑰丽的圆形玫瑰花窗，礼拜堂四周则有大小不一的80面玻璃花窗。

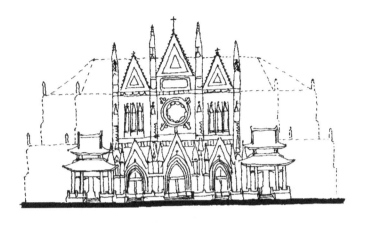

1888年版北堂立面图

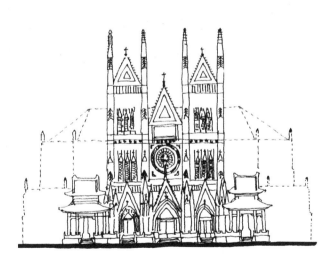

1901年版北堂立面图

如今的北堂

  围绕哥特式教堂建筑的却是传统的中式台基,环以汉白玉栏杆,栏杆和栏杆上的装饰均为传统的中式设计。因为台基更加接近人的视力范围,可能这使得中国教民感到亲切些吧。毕竟北京人是在皇家建筑的氛围里长大的,瞧着汉白玉顺眼。

西堂外观

西堂（西直门堂）

西堂在东西南北四大堂里可算是小妹妹了。它是清雍正元年（公元1723年）由意大利传教士兼音乐家百特里尼主持修建的。它的外貌有点像俄罗斯式的，内景很是辉煌。

西堂内景

西堂内景

东交民巷教堂

从建造时间上来看，东交民巷教堂（圣米厄尔教堂）属于第二拨建造的天主教堂里了，也就是说是八国联军来了之后建的。它位于台基厂大街14号。它是1902年由法国人高嘉理（司铎）创建的，主要为驻扎在这里的使馆人员服务。而后又经他的同胞斩利国扩建。我是大清早7点到的这里，室内景象很是震撼，不禁照了下来。教堂管理人员很气愤地说："哼！拿我们的教堂相片去赚钱！"我说："那我还给你们做宣传呢不是。"他于是同意让我拍了这张照片。

在东交民巷的章节里，我们还会提一提它。

东交民巷教堂

东交民巷教堂细部

永宁堂

永宁堂

距北京市区最远的教堂是延庆区永宁天主教堂。它始建于清同治十二年（公元1873年），1900年毁于义和团之手。后重建于1902年。虽然远在山区里，却是一座很有气魄的教堂，是西什库教堂的缩小版。

南岗子堂

最晚建成的要数南岗子教堂了。这里位于东城区的幸福大街永生巷6号。它是1910年由东交民巷堂的柯来孟神父主持修建的，主要服务于修女。如今它仍担负着这个任务，并命名为"小德肋撒修女初学院"。

南岗子堂

西洋楼式建筑·整体建筑

圆明园西洋楼

一听西洋楼这个名字，就符合我们这本书的主题：西洋式的建筑物。而且它还真是中国，也就是说清朝首次模仿欧洲建造的欧式园林。

乾隆十二年（公元 1747 年），可能是那时已经有了现成的设计师——传教士的缘故吧，喜好新奇的乾隆皇帝开始在长春园修建欧式花园。这组花园总的名称叫西洋楼，它是由谐奇趣、万花阵、方外观、海晏堂、远瀛观、线法山等十余个建筑和庭园组成的。为了不破坏整个圆明园中式园林的总体设计和气氛，这个用大石头建的洋玩意儿被放在圆明园东北的长春园的最北面。工程由外国传教士郎世宁、蒋友仁、王致诚等人设计和监工，由中国工匠施工完成的。整个工程历经十二年，于乾隆二十四年（公元 1759 年）全部完工。

西洋楼的主题是喷泉（古人叫水法）。其建筑风格为当时

海晏堂复原图

在欧洲流行的巴洛克式。虽然西洋楼的面积只占整个圆明园的五十分之一,却是西洋风格建筑在北京落脚的一次极好的尝试,也是极成功的典范。自此以后一百来年里,凡是想"洋"一把的,都拿圆明园的西洋楼做模特儿。当然,"洋"一把是要花钱的,花的还不是一星半点,而是大把的银子。所以西洋楼式建筑并没有在京城遍地开花。

下面,咱们把西洋楼的几个主要部分分别瞧瞧吧。实物是没法看啦,连烧带拆,就剩几个大柱子和零散的石雕了,就在纸上看三部分吧:复原图、1900年之前的状况以及如今的遗迹。

*海晏堂这个景点最著名的就是那十二个喷水的兽头。可

海晏堂遗迹

惜目前咱们正在花大钱从当初抢走它们的人的孙子们手里慢慢往回买呢。不知什么时候能买全了。

 如今的海晏堂就剩那个大贝壳还能看，其余的就是一堆烂石头而已。这还是人们费尽心机收集来了些原物，尽量摆放了一番呢。我小时候来这里玩，经常爬到大贝壳上去做振臂高呼状。记得那会儿前面没有这么多东西。

 *方外观是乾隆的宠妃容妃做礼拜的地方。它的建筑形式我看是三结合：西洋、中国、阿拉伯。屋顶看着挺眼熟，这不是大屋顶吗？可正吻、脊兽什么的又不对。两侧的墙用西洋的蘑菇石，门的上方却又有点阿拉伯味道。有意思。

方外观遗迹

方外观复原图

方外观遗迹

在方外观遗迹，可以看到现场基本上，就剩几根柱子了，还是从各处找回来复位的。

＊观水法是皇帝看喷水的地方，因此有安放皇帝宝座的台基和石屏风以及两侧的巴洛克式石门。1910年后曾被载涛运到北大朗润园里。1977年被放回原处。

＊远瀛观在长春园南北向的轴线和西洋楼东西向轴线的交汇处，是圆明园里最为壮观的欧式喷泉景观。它是由主楼、大水法和观水法三处组合而成。可能香妃来自沙漠，特别喜欢水吧，这组建筑的中心就是看水。

多么清秀的一组建筑啊！让我想起一首南斯拉夫歌曲的一句："可知道我的爱人，她如今在哪里？"

整个的是没处看了，那就看看远瀛观遗迹和大水法遗迹这2处吧。能找到什么相似之处吗？

其实在1860年之后，西洋楼因为是石头的，不大容易烧坏，还是有点模样的。后来这里反正荒芜了，于是大官们或有车有马的大户人家就把能搬走的都搬走了，最后就剩下远瀛观和大水法的一些不用起重机是不可能动摇的东西了。上面照片的场景是刚烧完不久时某老外照的。

一声叹息！

在乾隆之后，再一个喜欢赶时髦的人是老佛爷慈禧太后。她最早的作品是颐和园清晏舫。

观水法遗迹

远瀛观复原图

远瀛观遗迹

大水法遗迹

大水法遗迹

1873年的大水法

颐和园清晏舫

应该说，颐和园清晏舫有一点羞羞答答，半中半洋。颐和园昆明湖西北岸原来有一座"石舫"，它上面的中式舱楼在1860年被英法联军给烧了。1893年，心血来潮的老佛爷命人在光秃了几十年的石舫上建一座两层木结构的西洋式舱楼。这个玩意儿骨子里完全是中国传统的木结构，仅在外装修上弄了些西洋花样，如把木头柱子油漆成假大理石而不是红油漆，窗户顶部做成半圆券，安上五色玻璃，地面用花地砖等等。有点像穿中式马褂戴西洋礼帽。

颐和园清晏舫

畅观楼

老佛爷玩儿了一个不能动的船后，洋瘾没过够。5 年后又在三贝子花园（今动物园西面）建了一座洋式府邸，名曰畅观楼。这里在明代就是御用的花园，后为清傅恒的三儿子福康安的私人园子，因此俗称三贝子花园。

法国设计师为老佛爷设计的这座畅观楼"洋"得彻底，主体建筑为两层楼的砖混结构，七个开间。它的墙体为土红色（过去咱的砖是灰色的），有 75 厘米高灰色砖砌筑的基座，柱子也大胆采用了爱奥尼柱式。楼的东西两侧做了不对称的两个

清晏舫

畅观楼

楼墩。东边的那块为圆柱形的，三层高。楼顶处设了一个圆形平台，还有一圈欧式花饰栏杆。西边那块为八角形，二层高，屋顶有一座似中式须弥座的基座，托住八角锥形屋顶。楼的正面中间有一突出带廊柱的雨篷。东西两边各三开间带有外廊廊柱为白色。雨篷的顶部设有欧式的花瓶石雕栏杆。局部抹灰还抹出了欧式的线脚。

畅观楼周围环水，绿树掩映。楼南数十米处有一座白石小

畅观楼

桥，名南熏桥。桥东南有一铜狮，西有一麒麟，均口能喷水。东边的铜狮，由狮口内向下喷水；西边的麒麟脑袋向上，作回顾状，却由口内向上喷水。两者的下边，各有一长方形池，池内养有金鱼，池水被喷水冲得跟活水一样。这都是用来哄老佛爷开心用的。

畅观楼是个全盘西化的典型，就连内部的陈设、器具都是西洋式的。楼上、楼下均有特制的各式沙发，有转圈4人椅，还有 3 人的、2 人的。2 人的沙发为"S"形。楼梯上下及地板皆铺地毯，铜条饰边，地毯也是五彩线织绒的。

因为是首创，经验不足，又是给皇上和太后用的，属重点工程。这座不大的楼建了竟达 10 年之久，直到 1908 年才落成。

六国饭店

1902 年，北京第一家洋式的饭店在东交民巷南面的御河边落成。御河本是条河，是从故宫里流出来美化城市用的，因为妨碍交通，1924 年被改成了暗河，后来走的人多了，就成了路（即今日的正义路）。当正阳门火车站修好后，人困马乏的老外们下了火车就要睡觉，睡醒了还得吃。于是一位精明的比利时人就在离正阳门和东交民巷不远的地方建了这座六国饭店。

六国饭店的设计人是新瑞和洋行的英国建筑师覃维思（Gilbert Davies）与托玛斯（Charles Thomas）。建筑是两层的砖混，坐东朝西，平面为山字形。当中间和南北两翼各高起一块山墙，上做半圆形山花，我们可以在圆明园西洋楼的不少地方找到类似的处理。说圆明园西洋楼是他们的老师之一，不冤枉吧。

说起建六国饭店的初衷，还有一段故事。自打慈禧从西安躲避洋人回京后，一反常态地爱上了洋物事儿。为了向外国人示好，她多次在中南海宴请各国使节的夫人。来而不往非礼也，外国人也懂，于是夫人们决定回请慈禧。可慈禧害怕吃洋

六国饭店

饭,就派了懂洋文的侍从四格格去赴宴。吃完饭的第二天,四格格回宫复命。慈禧问她:"昨日赴洋人处开荤开得如何?"四格格回说:"秉老佛爷,洋人进食不用筷子,使的是刀叉等小兵器。菜是半生不熟的鱼和肉。这也倒罢了,最后喝的那碗药汤子,奴才实在受不了。"慈禧宽容地笑道:"洋人为化外之民,不知膳食,今后定然不会派你去受那份洋罪。"四格格叩头道:"多谢老佛爷。"

从此,"受洋罪""开洋荤"就成了人们的口头禅,然而如何吃洋饭也悄悄地传开了。有好奇的革新派就惦记着上哪里去吃洋饭。于是六国饭店成了他们开洋荤的好去处。

中南海海晏堂

建完畅观楼，慈禧就更爱西洋楼式的建筑了。可毕竟地处西郊的这座小楼离故宫有点远，太后老佛爷于是又打算在中南海里面建一洋房。正好她原来的寝宫仪銮殿被进驻中南海的八国联军头子瓦德西一不留神给烧了。

光绪二十七年（公元 1901 年），一位外国公使建议重建的仪銮殿采用西式风格。慈禧一听正中下怀。1902 年，刚逃难回京的她不顾国库空虚，不但接受了这个建议，而且还让人先做个模型瞧瞧。第一个不满意又做第二个。最后还亲自为新殿起名曰"海晏堂"，并要求连家具都得是洋式的，除了龙椅。

海晏堂共有两组建筑，八座小洋楼。主体建筑三开间两层，首层左右两个窗户顶部做成拱券，楼房顶部做山花。中间的开间两侧做科林斯柱式。但看那花哨的房顶，它还是属于巴洛克式。

其他建筑有：两个山墙拐角处各一座两开间的二层小楼，东南西北还有几个点景儿的房子。不远处还有几栋俄式小楼。所有的窗户都用玻璃，窗子上方多有细致的砖雕。

海晏堂主楼

不过它们的结构形式还是中式的举架木结构。虽然外面包了一层挺厚的青砖墙（几乎1米），但它们只是一层"厚皮"而已，不起承重作用。正如歌里唱的"洋装虽然穿在身，我心还是中国心"。也不知道是对外国的结构体系的安全度不放心，还是设计人是个纯粹的建筑师，不懂结构。

陆军部衙署

矗立在张自忠路3号的这个建筑群过去不是一般的政府衙门,而是军队的衙门。这就是建于光绪三十二年(公元1906年)的兵部衙署。它位于东城铁狮子胡同(今平安大道张自忠路段)。

原铁狮子胡同路北面,自东口至中剪子巷,排列着三座府邸:最东边的为和亲王府,中间为贝勒斐苏府,西为和敬公主府。清末,和亲王府和贝勒斐苏府因荒芜已久,被收归国有,建筑全被拆除,重新建造了洋式的兵部衙署。后来兵部改称陆军部(可不是吗,那时也没空军。海军在甲午战争以后基本全军覆没,就剩陆军了),这里也就改称陆军部衙署了。

陆军部衙署是一组砖木结构的楼群;中间的主楼为欧洲古典式灰砖楼,前后面各有三开间的大门洞,中部高起的部分在门厅以上为三层。两侧的过街楼及翼楼均为两层,外檐为联拱柱廊,整个楼体外面满布精细的砖雕花饰,门窗、天花、地板和护壁板全用优质木材精雕细作,华丽壮观。

值得一提的是,这组洋建筑是由兵部(后改为陆军部)军需司的工程师沈琪设计的。他是第一个既没留过洋,也没在洋行里学过,但是设计了一组洋风建筑的中国人。这组建筑于1906年2月动工修建,次年8月就建成了。比起修了10年的畅观楼,施工进度可谓神速。这个作品因为是国人做的洋建筑,它较多地保留了中式建筑的特点,属实习阶段的洋风建筑。

中央主楼

东翼

陆军部衙署旧址

　　1912年袁世凯就任中华民国临时大总统时，总统府和国务院都设在这里。1919年以后，靳云鹏任北洋政府国务总理兼陆军总长，这里又成为总理府。1924年段祺瑞被北洋军阀推举为中华民国临时执政，这里遂改为段执政府。抗日战争期间，臭名昭著的冈村宁次的日本华北驻屯军总司令部就在这里。1945年以后，这里是国民党北平警备司令部。可见这组建筑多受人青睐了。1949年后，一度还当过中国人民大学的宿舍。现在，这里归中国人民大学清史研究所及家属等使用。

西洋楼式建筑·洋脸谱

榜样的力量是无穷的,既然领导带了头,有钱的人家里,"洋式"建筑很快就火了起来。盖整栋房子一时还有点困难,但一些亲王们在自家的花园里跟摆花瓶似的弄几个洋式隔断,有钱的新派人也在临街盖个洋式的大门。就跟戴脸谱似的。

恭王府花园

大家都知道大名鼎鼎的和珅,也知道他的府邸叫恭王府。这个和珅太有钱了,像西洋式这种时髦的东西他不玩一玩,才奇怪哩。于是请了两个洋人,一人给他弄了一个门洞,摆在花园里过洋瘾。左边那个说不上什么式,柱子光不溜球,没有柱头。右边的显然是巴洛克式。

恭亲王府花园里的两个洋式门洞之一

恭亲王府花园里的两个洋式门洞之二

恭王府花园

某住宅大门

住宅大门

　　有钱人里也分土老财和洋派人士。那些盖了洋门脸的大约属后者。我二舅公的老宅在西城区绒线胡同，记得他家北院门也是个洋门脸呢。

　　这个院门虽然洋得不够彻底，但怎么说也不是中式的什么广亮大门啊，金柱大门啊的样子。

广亮大门

金柱大门

盛锡福鞋店

商家店铺

1900年以后,"洋式"是很前卫的事情。精明的商家能不赶这个风头吗?商家为招揽顾客来个新奇的洋门脸,成了很时髦的举动。前门大栅栏由于离新开通的正阳门火车站和使馆区东交民巷近,使得这里空前地繁荣起来。商店旅馆比比皆是,闹完八国联军才几年的工夫,这里由外城的一处档次不高但商铺密集的地区一跃而成了京城四大商场(东安市场、劝业场、首善第一楼、青云阁)占了三个的超繁华地区。为适应洋人和假洋鬼子的口味,一些老字号铺子纷纷改土头换洋脸。

大栅栏的洋式建筑一般都是旧楼贴新脸。商人嘛,讲究的就是一个一本万利。只有烧钱的主才拆旧盖新哪。因此这种洋门脸跟海晏堂的意思一样,在原来中式房子的外皮上加一层墙,底层立一些洋式的柱子,山花做些女儿墙或半圆形三角形拱券。人家该用大石头块的地方,他们就拿假斩石或水泥抹灰,甚至刷油漆来代替,看着颇像舞台布景。如祥益号绸布店1901年在屋顶上加铁皮盖,下撑洋牛腿,临街处全部做铁艺处理;盛锡福鞋店做了三层高,越往高处越是洋得厉害。第三层用了四根爱奥尼柱子,最顶上当中圆山花,两边栏杆式女儿墙;两层高的谦祥益绸缎庄在底层就做了四根爱奥尼柱子,圆券门窗,上层又做了壁柱。

唯独瑞蚨祥绸布店不玩儿中式身子穿西服的样子货。因为牛,也因为不想受制于人,瑞蚨祥从不租赁店面,每到一处,

瑞蚨祥鸿记店

都是先盖房子后开业。顺便问一句：你知道瑞蚨祥的蚨是什么意思吗？我也是最近才知道的。"蚨"是远古时期的一种神虫，特计划生育，一个母亲只生一子。孩子离开母亲时，母亲会把自己的血抹在它身上，这样不管它身处何地，都能找到家的方向，飞回母亲的怀抱。这家绸布店起源于山东，他起这么个名字，意思是不忘家乡吧。1900年大火把老瑞蚨祥烧了个精光之后，1901年老板就建了新房子，重新开张了。1903年又在大栅栏西部开设分号"瑞蚨祥鸿记"。

这个瑞蚨祥鸿记的门脸为八字形平面，砖石砌筑。中部入口上下做柱式，两边做八块广告版式的划分。过去这八块牌子上写的是中英文对照的广告词，如今全是中文了。

农事试验场

不但是亲王府的花园、有钱人的门脸、店铺的门脸，就连开在大街上的研究所的大门，也来追赶这股西洋风了。这个研究所名叫"农事试验场"。奇怪吧，一贯比较落后的农事，居然有时候也很前卫呢。

光绪二十九年（公元1903年），商部奏请皇上，要求振兴农业。他们发现西直门外原乐善园（也是三贝子花园的一部分，今北京动物园）的十几顷地荒在那里，希望批给做农业试验用地。要说当年清政府给儿孙们建了好多王府，也真是好事。后来他们一个个破落了，国家白收回多少地啊。试验场建成后，有人提议干脆这个地方对游人开放得了，让那些喜欢植物的人去逛一趟，试验场有点收入，老百姓还有个郊游的地方（那会儿颐和园还没对公众开放），一举两得。

后来这里怎么成动物园了呢？原来是这样：清朝末年，外国的一些鼻子较灵敏的投机者或曰投资人，趁着大清国门开了一条小缝的机会，赶紧往里钻。德国汉堡动物园就是一例。

动物园大门

他们是到中国展览和举办动物表演的国外第一家动物园。这家动物园先后在上海、天津、北京展览了象、斑马、羚羊、非洲狮、虎、豹、熊、非洲鹦鹉、美洲鸵鸟等野生动物,还进行了动物表演。国人称之为"海京伯马戏团"。马戏团在京演出时,消息传入皇宫中,慈禧太后十分喜爱"洋人"的新玩意儿,但碍于宫廷制度,既不便微服前往观看,也不能将其请入宫内。为了取悦皇太后,内侍官员想了个两全其美的办法:让他们在颐和园北宫门广场展出、表演，慈禧则在北宫门城楼上观看，这一来既安全也实现了老佛爷的心愿。慈禧头一回见到这么多奇异动物，兴奋异常，当即口谕："我们也要办一个'万牲园'。"于是乎干脆乐善园东半边放动物，西半边种植物，名字也从令人不解的什么"农事试验场"改为"万牲园"了。

万牲园的大门建于1906年，其实这个大门的功能更类似于牌楼。但这位农业爱好者也喜欢西洋楼式建筑，于是给弄了个洋牌楼：底层三开间用了四根爱奥尼柱式，上部做弧形山墙，还刻了一身的砖雕，远看麻麻蝇蝇的，挺眼乱。幸亏柱子和柱顶上有两条宽宽的白道子，让人的眼睛还有个休息的地方。

进到大门里面，一左一右还有两座西式的过街楼，红砖砌筑，很是提气。

卷二

东交民巷建筑

东交民巷原名东江米巷,最开始是储藏从江南运来的江米。它在清皇城正门大清门以东,附近是中央政府集中办公的地方,如礼部、户部、吏部、工部、兵部、鸿胪寺、钦天监、太医院等。而西江米巷附近则是五军提督府、太常寺、锦衣卫等所在地。当时,外交的事务归礼部办,而鸿胪寺负责接待外国人。这两个机构都位于东江米巷西口,接待各国来京的使节、留学生的宾馆也就很自然地设在东交民巷。所以这里一直都沾点儿洋气。

清政府以前一直闭关自守,其思想根源是认为自己"泱泱大国",不需要跟外国打交道。即使有什么外交上的关系,也是"蛮夷小国"来华"俯首称臣"。虽然允许外国使者来华交往贸易,并以礼相待,但是对他们的防范也十分严格,尤其对他们在北京的活动限制得更严。当时这些外国使者都住在会同四译馆,不许和中国百姓接触,连他们的住处也由中国军队昼夜巡查看守,"严禁该处夷人擅自出入",甚至到礼部赴宴时,也要由中国军队实行弹压,如不遵者,即行锁拿,奏交刑部治罪。那时候咱中国人多牛啊!!不像后来,见了洋人就称"宾",也不管他们的爷爷是否偷过咱们的东西。

唉!人心不古啊!

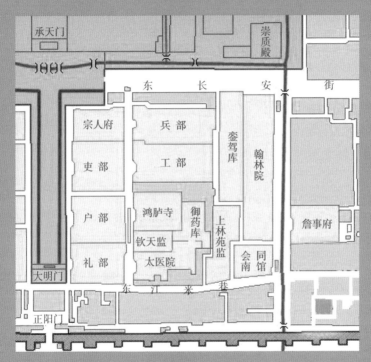

清初时东交民巷示意图

1840年以后,中国的大门终于被凿开了。列强们纷纷挤了进来,在东江米巷内建立使馆。东江米巷南北两侧在中国各衙门、官署之间的空地上建立了俄、英、美、法、葡萄牙、西班牙、意大利、德国和日本、荷兰等国使馆,形成了比较集中的外国使馆区。大约老外们嘴张不大,发不清"江"字,常常说成了"叫"。慢慢地东江米巷就成了东交民巷。但这个时期的使馆区内,中国官员和普通百姓还可以自由穿行,和其他街区没有太大区别。各国使馆所占面积还不到整个东交民巷的二十分之一,地方行政仍归正蓝旗、镶白旗管辖。

可是您别忙,下缓坡是要一步一步出溜的,事情也是一步步坏下去的。1900年,闹起了义和团,北京城里的各使馆以保护使馆为名,调了大量本国军队入京,以镇压义和团为名,枪杀无辜过路百姓,到后来甚至禁止中国人出入。在使馆区,有汉奸还狂妄地在东交民巷等各街口张贴布告:"往来居民,切勿过境,如有不遵,枪毙尔命。"

当时住在东交民巷的体仁阁大学士徐桐气愤地写下对联"望洋兴叹,与鬼为邻",发泄他的不满和无奈。

由于清政府的窝囊和武器的差距,义和团运动被镇压下去了。李鸿章代表清政府与英、美、法、日、俄、德、奥、意、比、荷、西等十一国签订了丧权辱国的《辛丑条约》,允许把东交民巷正式划为使馆区,并规定"各使馆境界,以为专与住用之处,并独由使馆管理,中国民人,概不准在界内居住"。条约还允许各国可以在使馆区内驻兵。于是,东交民巷一带的中国居民被全部迁出,清政府的各衙署被烧拆一空,东起崇文门,西至棋盘街,南起城墙根,北至

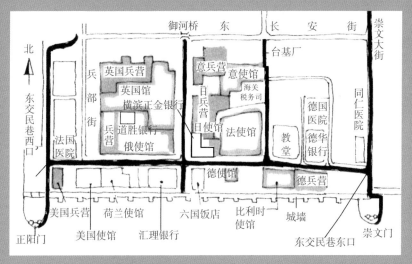

清末时东交民巷示意图

长安街的大片土地，就成为外国领土了。

当时的政府也知道外国人贪得无厌，为了阻止他们扩展到正阳门西边去，几经交涉，最后总算达成协议，以东交民巷的巷子西口（基本上就是正阳门了）为界，东边这条北京最长的胡同（1.6公里长）归外国人，西边依然归咱中国。为此在这里建了一座牌楼，名叫"敷文"。因位于巷子口，道路较狭，牌楼的开间尺度比正常的要小些。为了对称，在东交民巷东口也立了个牌楼，名叫"衍武"。要是把它们拆开了重新组合，就是文武敷衍。哈哈，真有趣，这位命题的人是不是有感于政府在各方面都敷衍外国人而编出来的词呢？很有可能。

有关东交民巷的命运，再多说几句：第一次世界大战结束以后，部分国家放弃了这里（如战败国德、奥和革命了的俄国）。1928年民国政府迁都南京，使馆也随之南迁，东交民巷已经不再是使馆区了，但是到嘴的肉要让他们吐出来，那叫一个难。何况民国政府跟清朝差不多，也是些对内紧对外松（怂）的主儿，哪里敢轰外国人呢？这里依旧是外国人的天下，他们照旧在这里吃喝玩乐歌舞升平祷告上帝，甚至还有兵营，大门口重兵把守。抗日战争时期，这里自然全归了日本。直到1945年日本投降，我国才陆续开始收回东交民巷。1950年1月19日，人民政府彻底收回了最后一个兵营，并征用该地的建筑。长达50年的这块"国中之国"的历史方才彻底结束。

前面说到，鸦片战争后，使馆纷纷扩大地盘，建立附属机构。除了使馆以外，外国人还在这里建了联合行政机构、联合警察机构以及"美国花旗银行""法国东方汇理银行""英国汇丰银行""日本横滨正金银行""俄国华俄道胜银行"等金融机构。各国还在这里占用土地建立了各自的兵营，沿东长安街一带还建立了公共练兵场。在东交民巷的两端，建起了巨大的铁门，日夜由外国军警把守，周围建起了八个炮垒，中间用一丈多高的界墙相连，上面设有枪眼炮眼，可以随时向外射击，把这里建成了中国人不准进入的禁区，而使馆区则成了都中之都。

以下介绍的是当时所建的部分大使馆、公使馆、兵营。最初还有些国家沿用没被毁掉的原来中式房子，渐渐地，他们不再喜欢沿用原有的中式民房，而是建成更符合他们的生活习惯和审美观点的西式建筑。

东交民巷东口

东交民巷西口

使馆

英国公使馆

从 1861 年到 1873 年，在东交民巷陆续建了十一个外国使馆。最早在东交民巷建使馆的是老牌帝国——英国。到底是先下手为强，1861 年 3 月，他们占了这里最好的房子，康熙家老七允佑的王府（淳亲王府）。里面的建筑一动没动，只是加了个西式的大门。

法国公使馆

老朋友法国一看，赶紧跟上，同年同月占了另一座府邸（纯公府）。法国人干事比较彻底，他们拆掉了府内大部分建筑，建了洋风的府邸和花园。工程由一老外，北京天主教传教会的代理主教樊国梁神父主持。看来这位神父还是个多面手。

英国公使馆大门

美国公使馆

1862年,美国人建了个大规模的建筑,后来不知为何卖掉,后来又转到了法国人的手里,最后当了银行(东方汇理银行)。

同一年德国也建了使馆,然后是比、西、意、荷等国的使馆。不过他们多用原民宅或阔人的府邸,除了日本公使馆以外。

俄国公使馆内教堂

俄国公使馆

同年建使馆的还有俄国公使馆。可惜那些房子都没保留,连张相片也没有。

日本公使馆正立面

日本公使馆

1872年建的日本公使馆在东四六条，用的是民宅。1884年他们也跑到东交民巷扎堆来了。日本人做事比较专业，特地请了本国技师片山东熊来主持设计和建设。这位片山是英国人康德培养出来的第一代日本建筑师，算是他们早期的海归吧。当时在日本他被称为"四大建筑师"之一，很有点名望。为建造这个公使馆，他在北京干了两年，把原四合院的南房（临街的那趟房）改造成了单层外廊的西式，当做公使馆的本馆。因为这栋建筑是临街的，所以建成洋风，以便和其他国的使馆取得和谐。其余北房和东西房按和式布置。也就是说基本没动。这是日本人最爱的风格：日洋结合。

本馆的入口处做壁柱，上面加了雕有砖雕花饰的三角山花。从当中的两个壁柱和两端的角柱都饰有精美的砖雕这点来看，施工的肯定有中国技师。因为当时日本人还没想起派人来中国学习这一高超的技能，而自己创造又不是日本人的长项。这所房子是片山东熊设计的现存最早的作品，也是1900年以前洋风建筑中唯一保存下来的建筑。现在它被用做北京市委宿舍。外廊已经被安上窗户，难见本来面目了。

1900年以后，八国联军打败了义和团、清政府，住在东交民巷的外国人行市立刻大长。他们把中国人（还不是一般人，都是王爷级的啊）都赶出了东交民巷地区，然后在这些空地上抢占地盘，大肆扩建。

这一时期在东交民巷所建的新建筑，多为两层砖石结构，木屋架，平面也多为长方形。它们虽然用途不同，形式多样，但基本上都可以算做复古折中的洋风建筑。

前两年为了拍几张彩照，我又去了趟东交民巷。大部分老建筑都在用着，但都有北京市统一制作的"文物保护"的似碑非碑的东西竖在建筑物前。这挺好，让人能知道此栋建筑的来历。可惜在东交民巷27号旧俄国公使馆前，我进不去，甚至不知它是什么。幸亏围墙下有个天宇律师事务所，里面的律师告诉我那是旧俄国公使馆。这才让我得以从绿叶密集的树缝里"掏"着拍了张照片。这也就罢了。旧日本公使馆现在被有关部门占用，可公使馆南立面，即临街的一面某窗户外面赫然挂着七八件粉色、浅绿色的棉毛裤等女人物件。我找了好几个角度，还用了个"骑马蹲裆式"，才在照相时用前面的三角墙把

英国公使馆之武官楼

裤子们给挡住了。唉，说什么呢？一声叹息罢了。如今怎样了？尚且不知。希望是一些注意街道仪表的人进住吧。

还是从现实回到 100 年前的东交民巷去吧。

新英国公使馆

1901 年新建的英国公使馆从过去仅仅是洋式大门变成了全盘西化。公使府邸、武官楼统统建成了二层洋楼。再加上兵营，英国人占了南到东交民巷北至长安街，东到崇文门大街西到正阳门这么大一块地的近三分之一。门牌号是东长安街 14 号。你要是认识公安部的人，或许能进去看看，因为这里早就属公安部了。

新法国公使馆

　　法国人占的地方没英国大，就面积来说也比不上俄国使馆吧，但在这里也称得上是老三了。他们在这里建了一座厚实的大门，还有使馆用房和兵营。这些建筑都是 1901 年清政府赔钱后建的。法国人还在马路对面还建了一座哥特式教堂，名叫圣米厄尔（St. Michael），为此地区的外国天主教信众们服务。

　　这个大门咱们应该不陌生，它就戳在东交民巷东段路北。有一阵子听人说西哈努克住在这里，我看可信，他夫人是法国人嘛。现在呢？不知道，反正武警守门，不让进。

新俄国公使馆

　　俄国公使馆在现在的东交民巷 27 号。原来占地也不小，有一百亩之多，几乎和英国平分这个街区。这里也是使馆兵营俱全。主楼为红砖青砖混合砌筑，爱奥尼石柱挺拔向上。可惜我进不去。幸亏临街的公使馆大门依然漂亮地矗立在那里，使我没白来一趟。

新美国公使馆

　　美国那会儿刚刚打完南北战争没多久，还没腾出工夫来跑到外国去抢东西，也没多大实力，比英国差远了。那阵子他也就是个凑热闹的角色。人家打完仗他跑来蹭点儿战利品什么的，还觍着脸说这叫"机会均等，利益均沾"。他占了

俄国公使馆大门

美国公使馆大门

东交民巷路南不算大的一块地。当然啦，也是使馆兵营俱全。大约是让义和团打怕了，哪家都带着兵。他的大使馆由自己国内派人来做的设计。此人名叫尼利（Sidh Nealy）。主体建筑1903年完成。这是个四平八稳的两层楼，立面处理成三段，主入口有三角形山花，也是当时常用的手法。大门横三段竖三段，当中半圆券。看着挺气派，符合开放的泱泱大国的身份。

比利时公使馆主楼

比利时公使馆

原比利时公使馆在 1900 年被毁,后于 1903 年建新馆。设计人不详,但肯定是个思想活跃的人。主楼三层外加一个屋顶层,看着很亲切,有点儿大型民居的模样。而几个院大门台阶式样和大胆采用的大面积红色在当时都是很新鲜的。

如果你走路时爱左顾右盼跟我似的,从前三门大街上可以看见它红墙白柱子的大门,再探一下头,还能看见它的主楼。

瞧,除了这个能在大街上看到的主楼以外,我能为你呈现的使馆建筑,多半只是些大门了。

比利时公使馆南大门

比利时公使馆东大门

奥地利公使馆

奥地利公使馆

奥匈帝国是个短命的中欧小国，它是匈牙利和奥地利联合建立的，从 1867 年到 1918 年一共存活了 51 年。

虽然如此，它居然也在 1903 年北京张牙舞爪地建了个公使馆，后来直接就过渡成奥地利使馆了。这个使馆在台基厂头条 6 号，现在是国际问题研究院。它采用的也是四平八稳的三段式，显得端庄得体。主楼前的水池里放了块太湖石，算是一种中式的点缀吧。

新日本公使馆主楼

新日本公使馆

原日本公使馆太小，趁着1900年大好的捞钱机会，它新占了英国公使馆对面，东交民巷21—23号的一块地方。面积不大，不过日本国自己也不大，习惯了挤着过日子。新公使馆盖得挺漂亮，而且保存得也挺好。现在属于北京市人民政府。

这个新馆1907年开工，1909年落成。它利用和保留了原肃王府花园的部分围墙和山石。主建筑为两层砖木结构，式样是日式的洋风。这种洋风偏爱法国宫廷，主楼因此装饰得颇像法国宫殿，还有若干附属建筑。这回日本派出了阵容强大的设

荷兰公使馆主楼

计施工队伍，包括总设计师真水英夫和三个助手、制图员、木匠、石匠等。真水英夫没留过洋，是日本本国培养的建筑师。从1904年起，他任"东京建筑"公司天津分公司顾问技师，后来担任日本公使馆的设计工作。1909年又任京师大学堂的建筑设计师。直到1912年回国，在中国干了八年。

荷兰公使馆

荷兰公使馆于1909年建成。它的办公楼看上去跟比利时使馆有点像，都是采用台阶式的墙体。墙角和窗边包锯齿形的石头。而两层高的府邸则像那会儿西方的豪宅。

荷兰公使馆内兵营大门

荷兰公使馆府邸

银行

老外们住在这里，就得花钱，而且是海花。要花钱，就得有银行。于是就建呀建，反正有的是地方。俄、英、德、美、法接二连三在这里设了七家银行，还都是有名有姓的大银行。这回抢先的不是英国，竟然是俄国人！到底近水楼台先得月。

俄国俄华道胜银行

俄华道胜银行1895年才在彼得堡成立，1897年就来北京设分行来了。看来这个银行就是为跟中国打交道设的。两层楼七个开间的办公楼外表干净整齐。当中入口处做双层柱廊，上做三角山花。两个边跨上也做了三角山花，丰富了天际线。可惜它位于俄国使馆内，从外面基本看不见。

顺便说一声，道胜银行当初野心勃勃，在中国开了二十几家分行。凡是你想得出的早期开放城市都在显著地段有它的身

俄华道胜银行

影，就连新疆的伊犁、库伦等小城都有它的分行。如今这些魁伟的建筑都在当地担当着重任。上海外滩的原道胜银行现为外汇交易大楼，哈尔滨的道胜被定为哈尔滨市一类保护建筑，等等。

英国汇丰银行

英国汇丰银行因为在香港有个大分行而被我们所熟悉。香港分行是 1864 年设的,到了 1902 年,它就进军到了北京。北京分行大楼当年奠基当年建成,可谓神速。

汇丰银行的设计人是英国人斯科特(Walter Scott)。老斯 1889 年来华,先是在上海洋行工作,后来就越升越高,最后自己单挑一家建筑事务所。他在中国的作品有上海汇中饭店、汉口麦加利银行、天津汇丰银行等。

不过我个人不大喜欢他的这个作品。它跳跃得太厉害:当中四层,两边马上变成了单层,而且中间的那个四层高的东西显得有点乱。当然啦,他的意图是要显出建筑物的高耸,但用的建筑元素还是多了点儿。好像一个人脚蹬老人头,腿穿牛仔裤,身穿西服上装,头戴无檐软帽。

德国德华银行

在有些人的概念里,德国人不大会做生意。可你别看,在中国开银行他们还挺行的。从 1889 年在上海开第一家德华银行开始,十八年里在中国各大城市开了二十一所分行。平均一年开一家还多!

1907 年,德华银行在东交民巷 7 号建新楼。这栋楼由德国倍高建筑事务所(Becker & Baedecker, Architects)设计,另

英国汇丰银行

德华银行

一家德国公司施工。无怪乎工程质量好到至 20 世纪 90 年代还完好无损。可惜我在 2009 年时想拜访它却没找到，后来听说 1992 年因拓宽马路被拆除。可惜了。

此栋建筑被认为不同于时下流行的复古主义风格，而是采用了德国文艺复兴式。它地上两层局部三层，地下还有一层，大概是金库吧。整个建筑主次分明，两翼和中央配得也好。墙角处做了弧形转折，体现出人性化的理念。整个建筑疏密有致。总而言之，在这七个银行里，它属于上乘之作。

日本横滨正金银行

此银行位于原御河（今正义路）东、东交民巷路北。因为正义路把东交民巷实际上分成了东、西两段，它和原六国饭店把着东段路口的两侧，所以以前它可以被看做是一栋地标性建筑。人们一走到这里，就会说："咦，东交民巷到啦。"可现在不行了，在它背后拱起一座庞然大物，名叫东交民巷饭店。在此公的对比之下，横滨正金真成了小日本了。但小得还算漂亮，经得住细看，连窗户做得都很细致。

日本横滨正金银行在本土开办于 1879 年，1893 年来华发展。起初也是在上海开分行。1895 年甲午战争后，日本加快了进入中国的脚步，银子是大大的需要，于是很快在香港、天津、牛庄（营口）、北京、大连、汉口等地设分行。北京分行

横滨正金银行

1901年开业，这栋银行大楼建于1910年秋，左侧为横滨正金银行，右侧为六国饭店。

大楼的设计人为日本人森川范一和村井三吾。他俩是日本那时的四大建筑师之一妻木赖黄的高足（四大建筑师中的另一人前面介绍过，是设计老日本公使馆的片山东熊）。时年59岁的森川范一和初出茅庐八九年的村井三吾配合得挺好，使得这栋建筑从整体到细部均可圈可点。

东交民巷西口

横滨正金银行地处拐角，平面做成 L 形，南北长，东西短。交角处做成圆形并处理成主入口。这个中央部分升至三层后，为了拔高，顶部做成穹窿形，很有些气势，同时也丰富了天际线。它的外墙是红砖，嵌有白色花岗岩条饰。这明显是受当时在日本和它的海外殖民地流行的"辰野式"影响。这种白条纹红墙的建筑以前在台湾挺多的，现在已不常见。横滨正金是保留得最好的。如今，这位"百岁老人"依然立在人来人往的街头，无言地诉说着它看见的长长的一段历史。

横滨正金银行旧址

法国东方汇理银行

前面说过，1862年，美国人建了个大规模的建筑，后来又落入法国人之手。

可法国已经有了自己的公使馆，就把它当了银行，说的就是这个东方汇理银行。

这栋文艺复兴式的建筑出自通和工程建筑事务所（Atkinson & Dallas, Ltd. CicilEngineersandArchitects）。很明显，这是姓阿的和姓达的两人开的事务所。阿某从18岁起就开始在上海的一家建筑事务所工作，大概太过劳累，41岁时（1907年）就去世了。

东方汇理银行在东交民巷34号，是美国花旗银行的邻居。比起同时期的银行和使馆来说，它显得更复古一些。它是1917年由通和洋行设计的，看上去受文艺复兴样式影响较大。

它共有五个开间，除地下室外，底层窗都是半圆拱券，二层窗当中三跨用拱券加蘑菇柱，两边用了三角山花式，第三层则用普通矩形窗。

为突出重点，当中三跨做了重点处理，两层楼高的爱奥尼柱子挺拔有力，而底层的大石块砌筑，是我们在上海外滩那些银行建筑上常常看见的，它给人一种"此银行底气厚实"的感觉。

因为在路南，它的正立面向北。它的院门也做得挺规矩。

东方汇理银行

美国花旗银行

  花旗银行为美国一家大型商业银行，1812年创办，原名（City Bank of New York）。1902年来华开业。第一家分行开在上海。1909年进军北京。建筑几经搬迁，才在东交民巷号定居下来。这栋孔武有力的建筑是著名建筑师墨菲在1917年设计，1920年建成的。要不怎么被武警看中了，现在做了武警博物馆了呢？

花旗银行

墨菲（Henry Killiam Murphy）在耶鲁大学主修了四年艺术，1906年在纽约开办建筑事务所。从1913年起，老墨就瞄准了中国这块他未曾开垦过的"处女地"，先是设计了长沙某医学院，一炮打红后一发而不可收，又先后为福州、南京和北京的清华大学，燕京大学做了规划和个体设计，紧接着又为北京和汉口的银行做建筑设计。光是花旗银行，他一人就做了六个！

从图中可以看出，墨公的古典建筑造诣很深，爱奥尼柱式、檐口做得头头是道。好看倒不一定，但很正规。

其他建筑

除了使馆、银行外，这里还有些杂七杂八的建筑，如旅馆、邮局、教堂等等。

圣米厄尔天主教堂

1901 年，法国传教士在东交民巷建一教堂，名叫圣米厄尔（St. Michael），后又扩建过。虽然它在北京的老教堂里是最小的，但却很有几分气势。两座高高的尖塔大有刺破青天锷未残的劲头，充分体现出哥特式建筑的特点。

此教堂坐北朝南，因为被限制在一个狭长的院子里，它的面宽很窄而深度很大，有点像欧洲人的头型——脸窄脑勺长。除去两边的塔楼，它的中央部分面宽才两开间，而深度倒有十四间。它的极具哥特式建筑的特色不但表现在外面，而且表现在室内——细细的科林斯柱子列成两排，上面是尖拱券顶，给人以欲飞的感觉。

正门上方有一尊圣米厄尔天使的雕像。圣米厄尔是新约子民的保护神。在灰色的砖墙前的这尊雕像通体洁白，细部鲜明，是这个教堂建筑艺术的一大亮点。

同仁医院

1889年，美国美以美会在东交民巷东口买了块地，于是把以前在崇文门内大街的眼科医院扩大到了这里。1903年以来先后在这块地上建了三座楼。

当中的主楼为三层，角上带四个塔尖，有点像迪士尼乐园。两边各一座二层小楼，类似如今在欧洲常见的民居小楼。可惜我没有找到任何它的影像资料。

祁罗弗洋行

德国商人祁罗弗（P. Kierulff）所建洋行是北京第一家中西方贸易公司。所以认为德国人不会做生意是个错误概念，人家还是北京的第一个洋行呢。

早在1874年，老祁就在这里建了个洋行，经营从金银首饰、钟表玉器到家具器皿、洋酒罐头乃至香水肥皂等当时中国稀罕的物品。1900年店铺在乱军之中被毁，1907年重建。它是个两层的建筑，底层大窗，二层为拱券小窗。入口开在边上，符合买东西的流程。

咱们看一张1907年摄的老照片吧，这样可以看看当时的街景。1907年还是清朝，老百姓还梳辫子呢，但有一些洋派的人已经是西服革履了。

祁罗弗洋行

第二代六国饭店

不知是换了业主还是着火了，建于 1902 年的漂亮的六国饭店竟然在 8 年后在原址上重建。新建的饭店大楼是三层的，比原来高了一层。和它几乎同样设计的天津六国饭店却是两层的。第二代六国饭店从平面形式到立面都变了。平面上的变化是从山字形变成了一字形，而立面上则没有了漂亮的柱式，代之以浅浅的壁柱和一排排矩形的单调的窗户。底层是半圆拱券窗。顶部覆盖了三个高高的梯形屋顶，专业上叫作孟莎式屋顶。此时的洋式建筑已脱离了西洋楼式，进入西方的古典主义。

它的设计人是爱尔德有限公司（Algar & Co., Ltd.）。

新六国饭店主要为当时各国公使、官员及上层人士服务。他们常在此住宿、餐饮、娱乐，形成了一个达官贵人的聚会场所。

辛亥革命后，一些下台的军政要人也常常到这里来避难。可以说这个饭店见证了清末民初中国历史上最混乱的时期。比如说，这里曾发生过民国第一大案：张振武被杀案。

张振武为武昌首义元勋。武昌首义成功后，黎元洪和他之间发生了矛盾，看上去厚道的黎元洪处心积虑地想除掉张振武，又不想承担杀害元勋之名，于是他请求袁世凯出面邀请有功的将士去北京。张振武接到邀请挺高兴，傻里吧唧就来了。

第二代六国饭店

刚刚到北京的时候,袁世凯对他还是很优待的,张振武在北京待得挺舒服,还不时地跟同盟会会员聚会,以联络感情。15日的晚上,张振武又在六国饭店请京鄂两地的要人吃饭,当时坐在首席的段芝贵,手里面就攥着一张处决张振武的军令。饭吃到半截段芝贵说有点小事要离开,别的客人们见状,也都知趣地借口说有这事那事,一个个走了。张振武一点儿没有察觉出不妙，还接着吃饭。饭局一直吃到晚上十时前后。然后，酒足饭饱的张振武带着跟他一起来的人，就从东交民巷的六国饭店大模大样地准备从大清门栅栏穿过去。就在他们刚刚到达栅栏门口的时候，大门一下子就关闭了。张振武身边的随员还挺牛，打算抵抗，结果还没过招一个个就都被制服了。张振武被抓起来以后，立马被押解到军法执行处给杀了。但是中国自古就有"狡兔死，走狗烹；飞鸟尽，良弓藏"的传统，杀个张振武，小事一段。

后来，六国饭店又搬了家，甚至搬出了东交民巷，因此不在本标题之内。据说它现在又不叫六国饭店，而是改名叫华风宾馆。

北京俱乐部

北京俱乐部又称万国俱乐部。顾名思义，它是为使馆区的老外们吃喝玩乐用的。别看门脸不大，里面酒吧、舞厅、台球厅、网球场、游泳馆一应俱全，冬季还有滑冰场。目前大款们的娱乐项目除了高尔夫，它几乎全有。话又说回来了，那会儿高尔夫好像还没时兴呢。

北京俱乐部的设计人罗克格是个德国人，1910年，他曾受清政府邀请，设计资政院。可惜不切实际，仅仅是纸上谈兵。民国后他又担当起临时政府国会众议院场（简称众议院场）的建筑设计。此栋俱乐部是老罗于1910年设计，1911年3月开

北京俱乐部前厅

工,1912年底完工。看来辛亥革命对老外的玩兴一点没影响,该干吗还干吗。

法国邮局

这栋建于1910年的建筑也挺有特色,虽然是单层建筑,体量也不大,但带尖的女儿墙和两个主次不分的门使得它与众不同。人们称它为具有东方色彩的殖民地式建筑。它位于东交民巷19号。

顺便说一句，现在这个曾经的法国邮局被当作川菜馆在使用，也算洋为中用吧。

我老公以前集邮。从1900年前后在华外国人寄往本国的信件来看，他们贴的很多都是本国自己的邮票。有一封信虽然是从秦皇岛寄出的，但也可以看出来，从中国寄出的信，却贴美国邮票，这在今天恐怕是行不通的吧。这封信上有两个邮戳，一个是秦皇岛，中国；另一个是美国一艘军舰（U.S.S.）自己的邮戳。这艘军舰的名字叫"桥（BRIDGE）"。

起初我不大理解：在中国领土上当然是贴中国邮票了，外国邮票应该不好使吧。现在我有点儿明白了：那些信显然是从这类邮局寄出去的。在这里外国人感觉跟在自己国家没什么区别。

历史啊！

法国邮局

从中国寄往美国的信件

卷三

清末民初建筑

清末政府建筑

我们许多人有关清末的历史知识，不少来自电视剧。它们谈的大都是些花边新闻，如光绪和珍妃啦，这格格那格格的，踩着花盆鞋慢慢悠悠地扭。其实自1898年戊戌变法失败后，从皇上到上层人士都有点资本主义的倾向了。清末从1906年光绪宣示准备立宪，要搞三权分立，直到1912年2月宣统下诏退位的这五六年，是中国近代史上一个很重要的时期。可以说，它是一个从封建专制的国家走向共和，走向资本主义的转变时期。20世纪初清朝官方建造的一些洋风建筑，就是在这种背景下产生的。

由于技术和材料所限，这批官方建筑都是不超过三层的砖木结构。外面多为清水砖墙，点缀一些石条或抹灰，铁皮屋面。设计者有外国人也有中国人。也就是说，既有洋人做的洋建筑，也有国人做的洋建筑。外国人大都是正式建筑师，他们的作品比例适当，细部考究。也有中外的非专业建筑人士画图，中国营造厂施工的。这些作品看着大概是洋式的，但因为

资政院透视图(临摹自《北京近代建筑史》)

手生,构图不够好,式样混杂,还不时地掺杂着中式的装饰,活像做西餐放酱油。

资政院与法律学堂

清末,光绪要学西方的议会制,搞三权分立,于是筹备着盖个类似议会大厦的建筑,起名资政院。前面提到的那位德国人罗克格为资政院做了个类似柏林国会大厦的,可容1150人开会的巨型建筑。它的总面宽至少在190—200米,深有85—90米,分三个大厅,每个厅的面积都在600平方米以上。因为室内不能柱子林立,三个大厅都采用钢结构的穹顶。总共三层楼,上下楼甚至还有电梯!其式样是德国版的文艺复兴式,极其壮观。地址就选在清代的贡院旧址(今东城区南小街以东,社科院处)。清政府上上下下正摩拳擦掌要实行议会制,泱泱大国嘛,国会山大点儿怕什么?可你总得看看自己兜里有

京师法律学堂

多少银子吧。结果因为缺钱,这"孩子"从1909年筹备到清朝灭亡,最后胎死腹中,光是打了个基础,连地面都没出,就黄了。

从这里可以大概看出老罗的计划有多庞大!咱们的人民大会堂看着也没比它大多少,气派好像也没它大。

倒是资政院这个机构挺有意思,它还真打算开会来着。1905年建筑还没影子呢,这边就借了内阁的汉本堂筹备起来了。后来又买了宣内一处民宅,部分人在里面办公。1910年,看看盖房子遥遥无期,可大会规定开会的日期到了,就用宣武

门内象来街的京师法律学堂先开了资政院成立大会。不知为什么，从1910年10月3日到1911年1月10日，总共92天，竟然开了42次全体会议。除了过年外，几乎是每两天开一次会，跟上班差不多了。与会者是200多名民选的改良主义者。这是中国有史以来第一次有民选官员吧。可惜他们光顾得开会了，竟然没注意到那边都革命了（辛亥）。结果清朝灭亡，资政院也跟着不复存在了。只剩下开会地点：法律学堂这栋小房子了。

法律学堂建于1905年，也属洋风建筑。因为规模小，倒挺顺利地建成了。它是个二层建筑，立面从左到右分五段，中段为主入口。

至于开的什么会，起了什么用，就不在本书讨论的范围之内了。

外务部迎宾馆

清末，无论政府还是民间，跟外国人打交道都多了起来，因为挨过打吃了亏，再也不敢管人家叫蛮夷了，改口叫"外宾"，并专门建了房子请人家光临，美其名曰咱是"礼仪之邦"。

这个迎宾馆建在原明朝将领石亨的宅院里，因有这么个名人，这里过去叫"石大人胡同"。后来几经更迭之后，子孙无能，终于把挺大个院子搁置废弃不用了。宣统年间，外务部看上这里，收拾收拾当了外宾接待处。迎宾馆分东西二楼，1910年请美国人詹姆森（Davis Jameson）设计了东楼。詹姆森是美国土木工程师学会会员，20世纪初来华开业。

东楼高两层，底层做基座处理，二层用爱奥尼双柱装饰，很是提气。同时还做了东西两座大门。东大门为西式，西大门为中式。

1912年，因为外交部搬了进来，就把"石大人胡同"改为"外交部街"了。1916年又把它西面已破旧了的双忠寺并了进来，盖了西楼。西楼也是洋风的，也是两层。这个西楼的历史有个看点：它曾是中华民国北洋政府的第一个总统府。1912年，孙中山来京进行国事活动，就住在这里。

迎宾馆东大门

大理院

大理院

大理院即最高法院，古时候叫大理寺。不明白的以为是个庙呢，因此后来更名改姓成了大理院。宣统元年（1909年），大理院上书皇帝，提出人家外国法院建筑无不威严壮观，外国人来中国一看，咱的最高法院弄得跟个小庙似的，有失国体，希望能盖个新的西式建筑。皇上拍板了。当然不是溥仪自己拍的，那会儿他还穿开裆裤呢，人家拍他屁股板子还差不多。

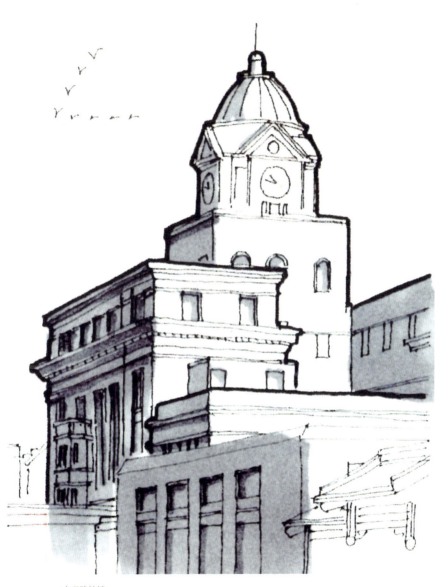

大理院钟楼

这是他爸爸醇亲王载沣拍的板,同意建个新大理院。

　　大理院新楼由通和洋行设计,公易洋行承建,于1911年建成。它位于正阳门西500米处,西城的刑部西街。正面朝东,面宽150米,够气派!立面的主要看点是正当中有一座高近40米高的钟楼。这不但在当时,就是今日,也算得上是天安门广场上的一景。每逢节日,钟楼上总有刻画出轮廓的电灯,丰富着北京的天际线。你注意过吗?它在人民大会堂的南面。

清末教会学校

19世纪，一批基督新教人士来北京传教。不过人数不多，1869年有12人，1877年有51人。大概因为北京早早地就被天主教给占领了吧，这点儿人要想在北京拳打脚踢地闯出一番天地，显然是不够的。怎么办？在当地培养助手就成了当务之急。美国人率先认识到这个问题，于是在北京开办了四所男校（汇文、育英、潞河、崇实）和四所女校（慕真、贝满、富育、崇慈）。潞河即是四所男校之一。

潞河中学

1867年，美国基督新教公理会传入通州，牧师姜戴德在县城北的教堂里开始建学校，名叫"八境神学院"。1893年改称潞河书院，1895年书院迁到城南。1900年，书院因有洋人而被义和团焚毁。事后通州知州被迫割让了南门以西的大片土地给潞河书院。清政府还赔银16万两让美国人重建。在这里，公理会建了教堂、医院和学校。现在的复兴庄潞河中学规模即

潞河中学

那时形成的。

　　拜义和团所赐,潞河中学校园占地十分广阔,令城里的中学望尘莫及。整个校园建筑布局疏密有致,现存的主要建筑有卫氏楼、谢氏楼、文化楼、潞友楼、学生宿舍及食堂等。卫氏楼是某一姓卫的慷慨之士捐了资而得名,谢氏楼则是纪念某一届的校长兼牧师谢子荣而名之。

　　整个建筑风格属美式的折中主义,少量的有点儿中式的装饰。主楼卫氏楼平面为"冖"形,高两层,有砖券的走廊。顶部做西方古堡式,可又加了中式的女儿墙。谢氏楼也是两层,当中的钟楼却是四层的,拔地而起,十分突出。它的平面为十字形。楼内有课堂、实验室、教员休息室、图书室和大讲堂。

　　虽说校园很美,但我还是忍不住想说两句。六年前当我去参观时,门卫死活不让我进,连"来将通名"的机会也没给我。无奈,转回家印了张"清华大学客座教授"的名片二进宫。这回总算是让进去了。

清末新式学校

1862年（同治元年）在北京开办了第一所洋务学堂——京师同文馆，这是清朝办洋学堂的开端。1898年百日维新期间建立了北京第一座新兴大学——京师大学堂。1912年，清朝没了，改民国了，京师大学堂的校名随之改名为国立北京大学，一时间辅仁大学、清华大学、北京高等师范学校等40余所大学纷纷成立，加上为配合传教而建立的一批教会学校，新学堂如雨后春笋一般冒出500多所。它们便是北京的高、中级教育机构的先驱。大多数学校的校舍都沿用了住宅或王府旧址，新建的不多，但都很有特色。

顺天中学

光绪皇帝还真是个革新派。虽然有老佛爷在旁边捣乱，虽然自己身体都快不行了，他还是坚持做了些好事情。光绪三十二年（公元1906年）六月，在他的授意下，顺天府（北京市政府）在废弃了的西什库天财库（简称后库）筹备建立新型

顺天中学东校门

中学。1907年,顺天府命令所辖24个县每县必须派两名学生来京读书。可见那会儿上新学的阻力多大,招生竟要靠摊派!对比如今想上北京四中的人打破头的情景,真是令人捧腹。第二年（1908年）总算凑了42名新生，顺天中学正式开张，这就是如今大名鼎鼎的北京四中的鼻祖。1909年又招了31名学生，1910年39名，1911年8月47名。至此，学校具备了一个四年制中学的系统。9月份一开学，因为已是民国了，学校改名为"京师公立第四中学"。

我之所以多费了些笔墨来说四中的历史，主要因为我儿子高晓松在这里从初一到高三整整念了六年书，令我对它的历史有点儿感兴趣。

校舍大部分都是中式建筑，记得当年（20世纪80年代）晓松还在大庙似的教室里念书呢。只有1915年改建的校门是洋风的。这个校门你要不细看还以为是清华大学二校门呢，除了缺四根柱子，其余部分都差不多。可见这种式样是20世纪初的时髦。

京师女子师范学堂

光绪在位的最后一年（公元1908年），御史黄瑞麟建议建立女子学校，他认为女子学校是"教育根本"。这位御史真是很有见地呀。皇帝准奏，于是在宣武门内石驸马大街（今西单文化街）原斗公府旧址建校舍。1909年建成。

校舍包括四座两层的西式楼房，建筑面积达4500平方米。无论教学楼还是校门，设计得都挺考究。但它没有采用这一时期惯用的柱式，而是做了大量的砖壁柱。柱身有凹槽，柱头独

京师女子师范学堂

京师女子师范学堂旧址

创线脚。窗子用半圆拱券。

民国后,学校改名为北京女子师范学校,后又改为国立北京女子师范大学。为支持女性教育,鲁迅先生曾在这里任教,因此现在这所学校名叫鲁迅中学。

陆军贵胄学堂

这所名字挺特别的学堂建于光绪三十二年(公元1906年),行政上隶属兵部,是否专收干部子弟,不可得知。从名字上看,有这种可能。

陆军贵胄学堂的新地址在陆军衙署东院,即如今称为段执政府的院子里。因建陆军衙署时进料过多,工程都完了,也没人贪污,结果剩了一大堆水泥板条什么的。陆军部军需司提议再盖个房子,比如建个贵胄学校新址,上面准奏。1909年新楼竣工,贵胄学校从煤渣胡同迁来。再不迁恐怕官二代们都要熏黑了。

这栋建筑的风格与陆军衙署完全一样,都是灰砖的清水墙,半圆拱券的廊子。不仔细看都不知道谁是谁。

京师大学堂

*早期京师大学堂(1898—1911年)

京师大学堂的校舍很复杂,这一年建一栋,另一年换个地方又建一栋。以至于不少地方都说自己是京师大学堂,你还真不能算人家是冒充。

陆军贵胄学堂

北大二院

北大三院西斋

最早建京师大学堂的主意来自刑部左侍郎（司法部常务副部长）在光绪二十二年（公元1896年）上的折子，内容是建议设京师大学堂。不知为何这么好的建议被压了两年，可能是有人嫌司法部狗拿耗子——多管闲事吧。直到1898年，皇上才正式下令筹建此校，并派庆亲王等负责建造工程。庆亲王是个亲日派，让日本大使把他们国家的大学制度、课程设置乃至房屋图纸都拿来做了参考。

有了图纸离房子建成究竟还远点儿，办学的因为等不及，就先用地安门内马神庙和嘉公主的旧府邸为临时校舍。在这里修复了340间房间，又新建了130间，及时地开了学。后人称这些新建的西式小楼为"北大二院"。但学校正门是中式的一座垂花门。

1902年，停停打打的京师大学堂并入了新鲜血液——同文馆。朝廷任命张百熙为管学大臣。张百熙还真负责任，先是建议办预科以招收更多的学生，后又亲自前往马神庙丈量房屋，认为现有的房子不够用。而周围的破旧民房可以由官方公平收买，用于增添校舍。政府采纳了他的建议，在新开出的地面上建立西式的九开间两层的藏书楼和三开间的名为"西斋"的两层小楼一栋，人称"北大三院"。

1902年8月，张百熙主持制定了一套学制的章程，经政府批准执行，即《钦定学堂章程》。这是我国第一次正式公布的一套完整的学制。记住这个名字吧，张百熙，我国第一个新式

京师大学堂经科

学制的开拓者。

光绪三十一年（公元 1905 年）10 月，京师大学堂再次准备扩建。朝廷特拨德胜门外旧练兵场的一块东西约 1580 米、南北约 1450 米的近似方形的大面积土地，用来建分校，史称"分科大学"，由张锳绪等负责工程建设。张锳绪是天津人，1899 年东渡扶桑，学的是机械工程，可对建筑情有独钟，又捎带学了些建筑。1902 年回国，在一个金矿任总工，但这位东洋留学生照样还要在清朝讨个出身，要不然当不了官，无法向父母交代。1905 年考得进士，任了个商部主事。1910 年，他在农工商部高等实业学堂教授建筑，并著书《建筑新法》。这本书是第一部由国人撰写的介绍西方建筑的专著。

一组人在张公这个半吊子建筑师（那时专业建筑师还真没地方找去）的带领下，为分科大学校园做了分区规划、道路、给排水、围墙，建筑类型也做了详细的分类。如公共建筑都有哪些，什么学科需要什么附属房间，等等。然后，1909 年 7 月请日本建筑师真水英夫（记得他吗？做日本公使馆设计的）和另外两名日本技师、十名中国技师参与设计工作。

1910 年场地三通一平。1911 年开始建经科和文科讲堂。它们都是两层的楼房，青色砖墙加少量红砖。砌筑极其讲究。屋架所用木料购自日本，电、水、暖气等设备由天津威廉洋行提供，想必也是进口货。

按照朝廷的一揽子计划，本来要建经科、文科、工科、农科和医科以及相应的教学用房、学生教员宿舍、礼堂和图书馆等等，总预算达 227 万 4000 两银子，可见工程量之大。

经科大讲堂的中央部分用了半圆券，三角山花等重点处理的手段，然而入口却在左面。估计中央部分是大讲堂，两翼是小教室。如今这里叫黄寺大院，也就是军队所有。

1910 年初，经科和文科教室竣工。3 月份开学。才过了不到一年，1911 年辛亥革命爆发，"学款移作军费，大学遂无形停办"。1915 年，国民政府教育部把已经建好的两处房子和地产卖给了陆军部办讲武堂，从此转为军用至今。

清华学校

清华园原名熙春园，始建于康熙四十六年（公元 1707 年），迄今已是 300 多岁了。它经历了清代康、雍、乾、嘉、道、咸、同、光、宣等九个皇帝。它的主人里有三位皇帝，四位亲王，一位郡王和一位郡王衔的贝勒。咸丰年间，它更名为清华园并沿用到现在。这些主人的更替简直就是一部清代争储即位的斗争史，够写部电视剧的了。

1900 年（庚子年）清政府败在八国联军手下，被迫与各参战的八国和没参战只是凑热闹的另外三国订立条约并挨个儿"赔款"。美国得到了"庚子赔款"后，1908 年与清政府协议退还一部分钱，在北京建个留学美国的预备学校（详见我写的书《啊，清华，我的摇篮》）。初时称"游美学务处"，在东城

清华学堂

清华大学二校门

的史家胡同落脚。但那里没有发展余地，后来大家共同看中了荒芜已久的清华园，1909 年动手在此营建新校舍，1911 年春第一批校舍建成并开学，学校名叫"清华学堂"。

老清华园由工字殿、宜春院和古月堂三组建筑构成。不用说，它们都是中式建筑。如今工字殿还在，只是"殿"字沾点儿宫廷味道，改成了"厅"，一直是清华大学领导机关办公地点。古月堂仅余一座小院子，过去是女生宿舍，男生们戏称这里为"胡堂"，大有认为女生是狐狸精的嫌疑。现为办公机构。

三院

    游美学务处接手清华园后，发现原有围墙全都倒了，决定先修围墙。围墙由长顺局等三个木器厂包工，并按合同如期在一个半月内完工。之后，便是建校门。原有两道校门，第一道早已无存，现在处于南半部住宅区和北半部教学区之间的是第二道门，大家都叫它二校门。在建校门的同时，修缮工字厅，建造一院大楼（后来的清华学堂的西半部）、二院、三院、北院和礼堂（即同方部）。因为用的是美国人的钱，清华园里的新建筑都是洋风的。

一院

以上几组建筑由奥地利人菲氏（Emil Sigmund Fischer）开设的顺泰洋行建造。菲氏1894年来华，从事建筑工程的设计和施工。一战期间入了美国籍，1945年死于日本集中营。

1911年4月29日是宣统三年的四月初一，黄道吉日。游美肄业馆正式开学并改名"清华学堂"。以后每年的校庆日就定在了这一天。

二校门是当时很流行的式样——三开间的门洞，一大两小，大门洞两边用了双柱，清水砖墙有规律地砌出凹线。二、三院是青砖木构单层建筑，当中做穿过式入口。式样朴素简单，仅在入口处做一点柱子和女儿墙等处理。三院后已被拆，在原址上建了新图书馆（即第三期的图书馆）。

一院是两层砖木结构的建筑，青砖，红瓦，法国"孟莎屋顶"。室内一码的木地板、木楼梯，工程质量极好。它破土动工时还是清朝的1909年，1911年4月落成。房子建好后，校行政办公迁到了这里，同时它还被用作预科的高等科及后来的大学科的教室。二院为高等科教室，三院为中等科教室。同方部为早期的礼堂。新礼堂建成后，同方部改作俱乐部用。北院为教员宿舍。

我对"清华学堂"特有感情。在我做学生时，我们在这里上美术课，坐在门口画它的木楼梯，还在东半部的图书馆借书。那些徜徉在发散着纸张香气的时光曾令我最难忘。

清华的第二任校长周诒春，1907年毕业于上海圣约翰大学，1912年任南京临时政府外交部秘书。同年调任清华学校副校长，后任校长，1918年1月去职。周诒春上任后不久便请来了当时在中国已打出一片天地的美国建筑师墨菲，来为清华园做整体规划和单体建筑设计。墨菲根据校方的要求，在一个校园内布置了两个学校：八年制留美预备学校和四年制的综合大学。

清华大学大礼堂

图书馆一期

体育馆

科学馆

大礼堂

对不起,因为我是在清华长大的,不免想多唠叨几句,请见谅。说不定你看完了这段,也爱上了清华,然后,连自己带子孙后代都扎在这里也未可知。

留美预备学校在校园东部,基本上保持了1914年以前清华学堂的规模。同时以新建的大礼堂为中心,布置预科的高等科的教学区,包括科学馆、向东扩建一院、拆除二院,周边布置教学楼等等。

按照墨菲的规划,新的大学区在校园西部,包括被八国联军烧毁的近春园和水磨村的一部分。1916年,周诒春将此规划方案上报外交部,同时着手建造"四大建筑",即大礼堂、图书馆、科学馆、体育馆。由此可见，他的办学思想是德、智、体全面发展的。因为墨菲忙别的去了，他聘请了本校校友庄俊来主持修建这四栋建筑。

庄俊1909年进唐山交大，上了学才听说有个清华留美预备学校，后悔不迭。第二年跳槽考了清华第二届预备班，没念两天就赴美留学去了。在美国伊利诺伊大学建筑工程系获学士学位后，于1914年回国，并且回到母校担任驻校建筑师。在他的努力下，墨菲的规划中的第一部分，即留美预备学校部分基本得以实现。

1916年一院向东扩展，成了今日所见的一栋两层的L形建筑并更名为"清华学堂"。1916—1919年建图书馆东馆、西区体育馆、科学馆，1920年建成大礼堂。

这由墨菲设计的四大建筑均为洋风。主要建筑材料如木材、砖瓦等均为美国进口，耗资巨大。这个老墨为美国揽了多大一笔生意啊！四大建筑的共同特征是石板瓦坡屋顶，红砖墙身，圆拱窗，花岗石勒脚（即建筑物底层窗下的部分），花岗石台阶。这四大建筑的共同特征形成了清华园建筑的基调。以后盖的新建筑基本无出其右。

最漂亮的建筑是大礼堂。它是罗马式与希腊式混合的建筑，外观敦实，顶部浑圆。体育馆建于1916—1919年，初建时称"罗斯福纪念馆"，是典型的西洋古典式建筑。馆前有塔什干式的花岗岩柱廊，两侧红砖砌筑严谨。馆内有篮球场、80

图书馆二期

明斋入口处

码悬空跑道。科学馆和图书馆严谨朴实，砖工细致，也不失为佳作。与此同时，学校还建成了供校长住的甲所，副校长住的乙所，秘书住的丙所，中国籍教员住的南院（今照澜院）、西院和工艺馆（今土木馆）。

1928年清华改为"国立清华大学"，设文、理、法、工四科。第一任校长罗家伦上任后，立即向校董事会提出了整顿和扩充校园的计划，停滞多年的校园建设终于又搞活了。

1930年清华成立了建筑委员会，委托天津基泰工程公司承担建筑规划和设计。在这个事务所任职的清华大学1921年的校友杨廷宝主持了规划和主要单体建筑的设计工作。他接建了图书馆的东馆，使之成为一栋L形建筑。接建设计做得非但天衣无缝，而且三层高的主入口比以前的老楼突出而美观。

顺便提一句，1991年由我的老师，清华大学建筑系教授关肇邺先生主持设计的新馆，风格与前两期统一而又具有现代气息，它使图书馆更加光彩夺目且规模更加扩大了。

除此之外，杨廷宝先生还主持设计和建造了一批学生宿舍，包括静斋、新斋、明斋等。新斋为三层王字形平面。我刚进大学时住在新斋。也不知是谁的主意，每学期学生要换一次房间，弄得我至今做噩梦，老是梦见忘记了我的新宿舍在第几层的第几横道或竖道上的哪个房间，问谁谁不知道，只得在走廊里来回狂奔，找得焦头烂额。

清末铁路建筑

之所以把铁路单列成一节，因为铁路对于一个国家的发展太重要了，也因为铁路在中国能踏踏实实地躺在地上，实属不易。如今，铁路的革新版——高铁已经成为中国的一个重大的经济支撑了。

1865年，英国商人杜兰德在宣武门外修了一条600米长的小铁路，并弄了辆小火车在上面来回走，不时地还呜呜两声，希望引起国人的注意和兴趣。谁知适得其反，国人非但没像如今似的热情围观，反而"骇为妖物，举国若狂，几至大变。旋经步军统领衙门饬令拆卸，群疑始息"。瞧瞧，差点闹出民变来。吓得老外十年没敢再提铁路二字。1876年，没记性的另一拨英国人擅自修了一段约14.5公里长的淞沪铁路（吴淞至上海），刚一营运，就轧死一名中国人。我想那人一定是在铁轨上遛弯来着，其实不赖人家火车。可那也不行，老百姓不答应。最后铁路由朝廷出面买下，把铁轨刨出来，剩下的一些铁路物料，远远地运到了台湾，找了个山沟给扔了。多可笑，可毕竟是事实。

京奉铁路马家堡站

总算国人里有觉悟高的。主张洋务的代表人物李鸿章为修铁路四处奔走大声疾呼，终于得以让唐胥铁路（唐山到胥各庄，胥各庄在唐山西南）在1881年动工，1882年初开始营运。唐胥铁路虽然才不到10公里长，却是中国自己修建的第一条铁路。自此，铁路开始在中国踏踏实实地躺在了地上。

1897年4月，京汉铁路（又名平汉铁路，曾用名卢汉铁路，从卢沟桥到汉口）动工，1906年4月全线通车。9年修了1200公里，一年才修130公里，真够慢的了。

继卢汉铁路之后，英国人又修了京奉铁路，从沈阳到北京；中国人詹天佑又修了京张铁路。

马家堡车站

有铁路就得有站房。铁路建筑于是诞生了。车站和一般建筑有很大的不同，它的实用性更强。京汉铁路正阳门西站和京奉铁路正阳门东站的建成，不但丰富了建火车站的经验，而且也带动了这一地区的商业活动，使得这里迅速地繁荣起来。

西站是京汉铁路的起点和终点，客货两忙。站房建成于1902年。建筑是两层的砖木结构，形式基本是中式的民居样子，屋顶为悬山，底层做披檐外廊。仅仅在入口处立了个洋式的大门作为装饰，是典型的穿马褂戴礼帽。记得那时候京剧名流们常常就是这种打扮，所以建筑盖成这样，也无可非议。猛地一看，这玩意儿跟如今的房子所差无几，正是验证了我的老师吴焕加先生的观点：中国近现代建筑的模板正是洋风建筑。

正阳门东车站

京奉铁路正阳门东车站始建于1903年，竣工于1906年，还挺快。它的西面是站前广场，东面接铁路。整个平面是50米×40米的近似方形。由中央候车厅、南面的辅助用房、北面的辅助用房和七层高的钟楼等四部分组成。总建筑面积3500平方米。

东车站的建筑风格明显是英国20世纪初流行的维多利亚女王式。它的立面处理比以前的复古派、折中派简化了许多，除了一些柱式和蘑菇石的外墙之外，少了好多横向的线脚。为了

正阳门东站旧址

京奉铁路正阳门东站

跟正阳门城楼的青砖色彩协调,整栋建筑的基调是灰色清水砖墙加白线条。每块砖的正面都刻有英文的缩写字母 I. R. N. C.,背面有凹槽。

中央大厅顶部用了三角屋架,却装饰成拱壳状,使得西立面与众不同。而高耸的钟楼顶部也用了穹顶与之协调。这栋清新而醒目的建筑在正阳门地区一经建成,立即成了此地的地标性建筑。当时有人赞曰:"京奉火车车站殊,辉煌真个好规模。"虽然听起来有点生涩,却是真情流露。

这座车站使用了好多年。记得我大学毕业后去大庆(1968年),就是在这里买的火车票。后来不知什么原因给拆了。21世纪初,清华大学设计院根据原来的资料,又重新设计、建造了一个,跟原来的看上去差不多,可能内部结构变了吧。

京张铁路清华园站

张家口站

清华园车站

可别小看了这个不起眼的小车站，它上面有中国铁路之父詹天佑亲笔题的匾额"清华园车站CHINGHUAYUAN宣统二年冬季詹天佑书"。

这个车站建于1910年，单层砖木结构。建筑面积290.8平方米。平面以主入口为中心左右对称。立面造型采取当地民居风格，但女儿墙做成雉堞样（俗话叫城墙垛子），使其与周围民居有所区别。而车站建筑当中一小院，布置了树木花草山石，很中国化。

我上小学、中学那会儿，每年"五一""十一"去天安门游行，都是大清早四五点钟，带着面包和水壶从这里上火车，坐到西直门火车站下车，然后开始走路，走到天安门东侧的什么地方，等着正式开拔。想一想那会儿也就10岁吧，一下子得走10公里，真够能走的！大约是想到一会儿能看见毛主席，就不觉得累了。游行后，再原路返回，在清华园火车站下车，背着轻了许多的空书包各自回家。

张家口车站

铁路一修起来，就要运送旅客，立马车站就成了急需。大量的小车站不必单独设计。这样就出现了标准化设计。如京张铁路的张家口站、广安门站、清河站等都是五开间的单层砖房。当中三开间用大一些的圆券门，这从张家口火车站的图中很容易就能看出来。

北京饭店一期

北京饭店二期

清末公共及工业建筑

北京饭店

1900年,瑞士人沙孟(Auguste Chamot)带着美籍的妻子来北京游玩,发现西方随处可见的酒馆这里太少,于是在东单英国兵营东面开了个三间门脸的小酒馆。因为生意大火,第二年搬到兵营北面,改名"北京饭店"。它是个两进的民居,前院是餐厅和办公等,后院开了二十来间客房。1903年两口子又在王府井南口买了房子,打算在这里盖个五层大楼,才盖了一层就没钱了,只好卖给一家银行,叫中法实业银行。有钱的银行把瑞士人未竟的事业完成了,盖好了这个五层的红砖大楼。

在周围到处多是两层楼甚至平房的当时,这个北京饭店绝对壮观。加上外面三层高的石刻的白色科林斯壁柱,顶上三个大三角山花,令过往行人个个驻足,人人眼亮。饭店共有48套客房,还建了自己专用的水塔。

1917年,中法实业银行腰包鼓了,又在这栋楼的东边盖了一栋七层的法国古典式新饭店。结构用的是在当时属于最先进的钢筋混凝土结构。这个新建筑在首层设有餐厅、厨房、理发室等，二至六层是客房，每层 21 套，共 105 间客房。第七层设有酒吧、舞厅等。室内有卫生间和暖气，还有电梯、电话总机。这在当时简直是比五星级还高级的首屈一指的饭店了。建筑由永和营造公司设计。永和营造公司开办于 1915 年，本部在越南的西贡，在中国天津、沈阳和哈尔滨等设有分公司。天津的不少洋楼都出自他们的手。

后来，以及后来的后来，不同时期不同业主在这俩老房子东西两侧又加建了新北京饭店、贵宾楼等，使得这一溜成了个小型的"时代建筑展览"。八仙过海，各显其能，挺有意思。

溥利呢革公司

1907 年，为扩充新军，清廷需要大批军服，陆军部申请开办制造呢革的工厂。朝廷准奏。厂址选在清河镇有空地 160 亩的马官坟地。1908 年开始建厂房，共建了 280 间。1909 年开始生产。这个厂是官商合办的，厂方聘请了 4 名英国技师，还雇用了工人 300 余人。设备买了英国派马公司的 180 余台毛纺机，纱锭 4800 枚。这是当时国内最大的毛纺厂。至今清河仍是毛纺织业的重要基地，其原因盖出于此。

京师自来水公司

自打元大都在北京建都以来，北京人祖祖辈辈都喝井水，由于打井技术差，不能打到深水层，导致水质很差而且味道

溥利呢革公司办公楼

发苦。正如歌里唱的:"我的家乡并不美,低矮的草房苦涩的井水。"

　　光绪三十三年(1907年)的一天,慈禧在颐和园召见袁世凯,恰好有个小太监来报告,说是有一栋房子着火了。慈禧问袁世凯:"灭火防火有何善政?"袁世凯答:"以自来水对。"袁世凯在天津任职多年,天津早在1903年就建了自来水厂。趁此机会,袁世凯向慈禧建议京城要建自来水厂,并推荐了著名的近代工业家周学熙,请他走马上任组建自来水公司。周学熙出生于清末显宦人家。父亲周馥曾任两江总督。他自己曾任前署直隶按察史、长芦盐运使,1912年和1915年曾经两度

东直门水厂更亭

担任北洋政府财政总长,是当时名声显赫的大官。

自来水公司的运作方式为官督商办。估计大家都在眼巴巴地等着自来水,周领导也运作有方,因此工作进展迅速而卓有成效。1908年4月,京师自来水公司成立,操作地点分作三

东直门水厂汽机房

处：东四牌楼钱粮胡同为办公地点；孙河屯为吸水厂，负责抽水及过滤；东直门水厂（今东直门北大街，东、北二环路衔接的地方）为送水厂。资金以发行股票的方式筹集。设备是从天津德国瑞记洋行进口蒸汽机、水塔、锅炉和输水管道等最新设备。现在想想，才100年前的事，那会儿中国居然连输水管道都要进口！

1908年，自来水公司在钱粮胡同建造了洋式办公楼一座，是两层砖木结构，共56间房。在孙河屯建造两座吸水和锅炉房合用的厂房、办公房一座，是个中式院子。在东直门建造来水亭一座，洋式汽机房一座，洋式厂大门一座，更亭两座。其中来水亭为巴洛克式风格，砌砖用了中国的法子：磨砖对缝，糯米灌浆。它的设计者为天津瑞记洋行的德国商人。汽机房高 12 米，面积有 600 平方米。里面装有两台卧式双动活塞蒸汽机，它们的功率达 441.6 千瓦。经过水厂消毒处理过的水经过管线送到市内的一些供水点。居民买了水票到这里来打水。挑不动水桶的人家，水站有人给送上门去，当然是有偿服务啦。

与汽机房相连的是一根八角形的烟囱。烟囱高 20 米，在当时就算是很高的了。最奇怪的是它的砌筑竟然也是用糯米灌浆法，以至于 100 年后的今天，那根烟囱还傲然地挺立在比它高得多的楼群中而毫不逊色。

更亭目前只保留了一座，很漂亮。在里面打更的人会不会觉得身处公园而忘了自己的责任呢？

光看这些厂房、泵房的，你能想象得到它是工业建筑吗？我刚进去时，明知道自己去的是自来水博物馆，还以为走差了进了某公园呢。大片的绿草地上，几栋红色的洋式小亭子，让你不由得想起了海德公园之类的地方。在这种工厂里工作，效率一定会成倍增长。

这个自来水厂自 1910 年投产后，一直忠实地为北京供着水。1949 年之前，这是北京唯一的一座水厂。后来建了多座水厂，这里就光负责东直门一带的供水。如今，它已退休，成了自来水博物馆。它位于东直门北大街 6 号院。你要是去参观，还能得到一个精美的小布包包。

民国初年办公及商业建筑

国会议场

辛亥革命后的 1912 年 1 月，临时政府成立了自己的立法机构——中华民国参议院。从 1912 年 4 月起，迁都北京的临时政府开始筹建国会建筑。

国会议场在今西城区佟麟阁路 62 号新华通讯社院子里头。整个建筑由两部分组成。东部利用原有中式建筑，西部新建了圆楼（大总统休息室）及议场等。议场由咱们的老朋友——德国人罗克格设计。所谓设计就是把他为清末资政院所做的未采纳的设计图简化缩小，把穹顶改成三角形桁架，外环的走廊改成门廊。

这一简化，整个建筑看上去就不精致了。加上财力有限，施工和装饰就显得苟且从事。虽然如此，但作为民国初期的政府建筑，它在历史上还是有一定地位的，因此 1984 年被荣幸地评为北京市文物保护单位。

国会议场

国会议场工字楼

盐业银行

盐业银行坐落在前门外西河沿，1913年建。它的造型为典型的洋风：临街是外国（上海也如此）银行建筑常见的两层高的柱廊。柱子是爱奥尼式，很标准。

墙面是红砖的清水墙，看着既庄重又不失活力，是个不错的设计，可惜至今我没找到我这位同行。有一说是中国人沈理源，但证明的力度不够。

这个银行的平面有点奇怪，其实它是个开口朝东的 π 形，在朝南的那条腿上贴了个营业大厅，使得外轮廓像个方块。但北面又有点倾斜，可能当年北面有河的缘故。建筑物地上三层，地下一层。这是银行建筑中初次有建地下室的。

劝业场

劝业场的意思是"劝人勉力，振兴实业，提倡国货"。它是在1914年火灾后搬走了的"京师劝工陈列所"旧址上新建的。这栋建筑1918年4月着过一回火，1927年又着一回，1931年又着。现在的建筑到底是按哪一年的图纸建的，谁也说不清。所能明白的只是这里很重要，所以屡烧屡建。

从现有的建筑来看，它的平面是个长宽比几乎为四比一的矩形。当中做一圆厅，圆厅顶上做穹顶。北边的一块小方厅不知为何折了一下，像个摇摆不定的狗尾巴。从外立面来看，它具有不太浓厚的巴洛克风格。

盐业银行

劝业场旧址

劝业场南半部

巴洛克建筑发端于罗马,它以丰富的想象力和奇形怪状的柱子檐口等构件很受追新族的欢迎。你看在劝业场北口的正面,好好的弧形檐口,它非给断开不可。在欧洲有的地方,柱子都拧得跟天津大麻花似的。北京的这些巴洛克还不算最出格的。

北京水准原点房

搞过测量的人都知道,每个城市都有很多水准点。水准点的信息包括这个点的海拔高度、经度、纬度等。水准点分一级、二级、三级。一级等级最高,也就是精密度最大。按照

劝业场北口

水准原点房

编号,在某种专业地图上能找到某个水准点的位置。

北京的第一个水准点叫水准原点,它是1915年为陆军部测地局所设。为了表示它的重要性,特别建了个小房子。这个小房子是聘请日本人设计的洋式的。它全部由花岗岩砌筑,平面是个正方形。房子的正面朝南,两根塔什干柱子支撑着三角形山花的门头。后面的墙面上有凹进去的石刻匾"水准原点"。入口则在北面。

这个小建筑后来被包在西安门附近的北京妇产医院西院里面,很多人在它身边走来走去,不知道有没有人明白它的作用。

琉璃厂厂甸的海正村公园大门

厂 甸

厂甸在琉璃厂外边,原来是做琉璃瓦的琉璃厂的堆料场,类似甸子,因此叫厂甸。在清康熙年间,为了保障皇宫的安全,规定正月十五的灯市"灯归城内,市规琉璃厂"。从此,年年春节前后在琉璃厂前搭棚建市。因为这里在辽代称海正村，民国六年（1917年）在这里建海正村公园，并立一西式大门。说它是西式，主要因为它不是中式的，但我没看出来它属于西式里的哪种。这就像炒菜一样，大饭店里的菜都说得出来是川菜还是鲁菜，到了饭馆，炒菜就是了，管它什么菜系呢。

不管建筑形式属什么式，反正在这座大门里形成了一个热闹的大集市。北京人过年时，都讲究去逛厂甸，说明这个大门的名字还是很有作用的。我小时候家住城外海淀的清华园，离厂甸总有20多公里，还没有合适的交通工具，就这样，每年的厂甸还是要去的。那挂在脖子上的红果串，那好几层小轮子，迎风呜呜响的风车，都是孩子们盼了一年的东西，至今记忆犹新。只是这座大门嘛，好像没什么印象了。

协和医院外籍大夫住宅群

在今协和医院东面（马路对面）的外交部街里，有一处为协和医院的外籍大夫建的住宅群。一栋栋二层小楼散落在绿树和草地之间。灰色的墙面、红瓦屋面不时地显露在绿树缝隙里，很有些情趣。

协和医院建立于1921年，早期的大夫多来自美国，因此20世纪20年代建造的这个建筑群的建筑式样是美国乡村别墅式的。虽然房子的密度比真正的美国乡村要高，但在北京城里已经是难得的"绿色住宅"了。至今里面仍住了许多户人家。因为门口明文规定外人不准入内，所以蹓进来的我和老公没敢张嘴问屋主属何单位，只是悄默声地东张西望而已。

住宅群的北入口

住宅之一

住宅之二

住宅之三

外国神父墓地

早期来北京的几位外国传教士鞠躬尽瘁，死而后已，上了西天后，肉身埋在了原马尾沟教堂的天主教墓地。现为中共北京市委党校。

最早来中国的意大利传教士利玛窦是明朝万历年间来的。他应该算是天主教在中国传播的开拓者，也是第一位对中国文学感兴趣并阅读的意大利人。除了传教，他还传播西方的天文、数学、地理等科学知识。他在58岁时（1610年），卒于北京。他的墓碑是整个墓园里位置最显著、设计最辉煌的。整个墓碑在传统的中式墓碑外加了一圈玫瑰花，又套了个西式的砖套。

次之是比利时传教士南怀仁的墓碑。再就是德国传教士汤若望的墓碑。汤若望在中国度过了明、清两个朝代，与顺治皇帝成了莫逆之交。1666年，75岁时去世。他们三个在同一墓园里。墓园的南入口外有一座小型的中式石头牌坊。

在这个墓园的东面，还有一个类似的墓地，葬的是其他一些不出名的外国传教士。

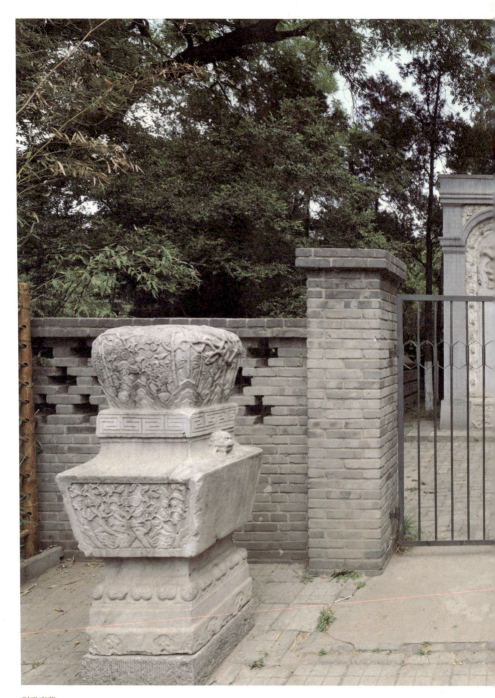

利玛窦墓

卷四

古桥

古桥

人要走,就得有路,"走路走路"的嘛。走着走着,到了河边怎么办?"逢山开路,遇水搭桥",就得修桥啦。倚老卖老的人常常说:"我过的桥都比你走的路多!"可见在我中华大地上,有多少桥了。古代没钢没铁,也没有结构力学,今日跨在大江小河上的这些五花八门的桥,那时是看不见的。那会儿桥是用木头或石头搭的,在一些水流湍急的河上,没法竖桥墩,还有用绳子从这岸拉到那岸的。如果按结构形式,古代的桥大致分为梁桥、拱桥、索桥、浮桥等种类。也许你认为,桥,那是南方常见的物事,其实不然。如果你手头有一张北京古代水系图,你会发现古代北京的大河小岔密如蛛网,简直不亚于如今的江南。这些河湖水岔不但灌溉着北京的大地,也顺便成就了大大小小的桥梁。

卢沟桥

北京地区岁数最大、知名度最大的,恐怕要数卢沟桥了。它横跨在丰台区卢沟桥镇的永定河上,是金、元以来北京通往

卢沟桥

南方的交通要道之一（还有一个是隋炀帝修的大运河），也是京师的西大门。

卢沟桥始建于金代，具体来说是金大定二十五年（公元1189年），距今已有820多年的历史啦。它是北京现存最古老的石造联拱桥。因为这段永定河里长满了芦苇，桥就跟着河沟的名字，起了个卢沟桥。其实原来人家有个大名，叫广利桥，后来没人叫了。

古时候的大车都是木轱辘、铁轱辘，它们成年累月地硌着石头桥面。255年以后，桥面已经坑洼得没法走了。明正统九年（公元1444年）重修了一回。到了清康熙年间，永定河发

卢沟桥

大水，把桥给冲塌了一大块。康熙三十七年（公元1698年）又重建一回。

桥东的碑亭内立有爱到处题字的乾隆所题"卢沟晓月"汉白玉碑一块，为此还建了一座亭子，以表示这块石碑的重要性。于是连桥带碑带月亮都入选为清代"燕京八景"之一，即"卢沟晓月"。

意大利旅行家马可·波罗曾经溜达到这里来，估计那天有月亮，那连绵的拱壳，那清澈的倒影，再加上数不清的狮子，立即把小马醉倒。他在他的游记中盛赞卢沟桥道："它是世界上最好的，独一无二的桥。"当然啦，他们老外，按慈禧老佛爷讲话，是化外之民，那会儿见过什么呀！中国的好桥多得是。赵州桥，见过吗？不过在北京附近，卢沟桥应该算是最杰出的了。

卢沟桥全长266.5米，它的宽度是7.5米，足够当时的两辆大马车错车的。它的支撑系统是由10座桥墩承担的。10座桥墩形成了11个孔，学术上管它叫"多跨石砌圆弧拱桥"。桥墩是用大块条石砌成，在没有吊车的800多年前，真无法想象那些巨大的石块是怎么举上去的！我得说一句："咱们古人有力量！"

为排水和美观，桥面坡度约为8%，上面铺着当时最耐久的材料——石板。石头桥栏板和石头柱子基本是金代原物。我数了数，北面的石柱有140根，南面却有141根，不知为什么

石狮子

不相等。卢沟桥最大的特点是两侧石雕栏杆上有498只妙趣横生、形态各异的石狮（20世纪90年代，原被雷击损失的3只石狮得到了修复，石狮总数成为501只）。其实连大狮子带小狮子带母狮子肚子里怀的，那就真是"卢沟桥的狮子——数不清"啦！

还有一位叫"数不清"的，是我国著名的数学家——苏步青。他是南方人。用南方话来叫他，就成"数不清"了。我自从知道这个名字，就觉得有趣：数学家怎么会数不清呢。哈哈，开个玩笑。苏老先生的后人，别见怪哟。

桥的东头是宛平县城，这是一座建于明末拱卫京都的拱极城。1937年7月7号之前，桥西头归日本人占着，桥东头的宛平城归国军第二十九军把守。7月7号这一天，日本鬼子借口丢了一个兵，非要过桥来找。二十九军不干，这才有了卢沟桥畔第一声抗日的枪声，也才有了史称"卢沟桥事变"的事件。卢沟桥因此大大地闻名了，比它单单作为一座桥知名度高多了。如果你去那里旅游，可以在城墙上找找，宛平城的城墙上至今还留着累累弹痕。

万宁桥

提起鼓楼前的"后门桥"，恐怕半个北京的人都知道。可要说"万宁桥"，听说过的人就不多了。别看这座桥既不长也不宽，当年它对北京的规划布局、漕运通航意义可是重大之极。

万宁桥

　　万宁桥的位置在北京城城垣子午线上（也就是正中间那条线）的地安门大街中段，正好在地安门到鼓楼的中间。此桥建于元世祖至元二十二年（1285）。400多年前，当南方运粮的大船开到北京时，那船可以直接开到元大都城内。而万宁桥就是通惠河上最后一道桥梁。

　　不过在元代以前可没这么方便。那时的水源来自永定河。永定河，人们都叫它无定河，它的水量忽多忽少，极难驾驭。你这里正急需南方的粮草，它那里闹起旱灾，船进不来啦！于是乎只好把东西都卸在通州，再人拉肩扛地抬上板车拉到京城

万宁桥

来。幸亏元世祖善于团结一切可能团结的力量，经人介绍，他重用了水利专家郭守敬。在老郭的一番努力之下，引来了昌平白浮泉的水入城，实现了南粮北运漕船直接进入大都的计划，老百姓再也不用"五十里陆挽（輓）官粮"了，也为皇上节约了大量银子。

据《元史·河渠志》及《郭守敬传》载，此项北水南调工程于至元二十九年（公元1292年）春开工，于至元三十年（公元1293年）秋季完工，总共用了一年多一点儿。这么快的工程进度在今天都难以想象，估计动员了全城的男女劳动力吧。水从昌平南下，自大都西门水关（今西直门附近）进城，再入积水潭，然后向东出万宁桥转向东南，由东水关流出大都城，经永通桥至通州，与白河相通。因为通州的地势比积水潭高，为了能让船从万宁桥走到通州，就必须一点一点地抬高河段的水位。老郭采用的办法是在元大都至通州之间的河道上设立了10个闸坝，用来抬高水位。城内的一处水闸名叫海子闸（后改名澄清闸），即设在万宁桥下。

至元三十年（公元1293年），元世祖从蒙古草原回到大都，一看积水潭内停泊着无数粮船，心里非常高兴，给新河道起名为通惠河。自此以后的一个时期，万宁桥成为南来北往漕船的终点。积水潭东北岸的斜街一带，帆樯往来，商业繁盛，这在北京的都市历史上是前所未有的。

当时万宁桥畔的斜街（今烟袋斜街），既邻近皇城，又是船码头，南方货物随粮船大批涌入都城，这一带很快就火了起来。加上湖光水色的，景色不亚江南，亲王贵胄纷纷在此地构筑园亭，随之而来的必然有酒楼歌舞之类，那个热闹劲啊，你就想去吧。

元惠宗时任集贤大学士的许有壬，在一首《饮海子舟中答人招饮斜街》的词中曾有"柳梢烟重滴春娇，傍天桥，住兰桡，吹暖香云何处一声箫"之句。他又有《蝶恋花》词："九陌千门新雨后，细染浓薰满目春如绣，恰信东君神妙手，一宵绿遍官桥柳。"赞的都是这一带的风光。

从上引两词句中可以看到，自通惠河修成，漕船入都后，万宁桥一带已俨然是画舫朱楼、绿杨城郭的江南景色了。

然而，自元朝灭亡，明成祖在北京改建新都之后，由于皇城移址，妨碍了原来大都城内一段通惠河的航运，南来粮船不能再入城了。加上河闸淤塞，水面抬不高，船就更过不来了。

万宁桥在民国初期还有点影子，后来又是修路又是盖房的，桥底下也没水了，桥体逐渐被埋在路面之下，马路上就剩桥栏杆了。当初我家住在六铺炕时，常到桥头的一个饭馆来吃炒肝。我们从来都不知道脚底下有条河，只是奇怪大街边上无缘无故地怎么会有汉白玉的栏杆。近年来，在侯仁之教授的建议下，北京市花了大力气把已经干涸的河道挖通了一段。这一挖竟发现桥下东西泊岸上分别趴着两只可爱的镇水蚣蝮，它那天真顾盼的憨态令你想象不出它竟然也是张牙舞爪的老龙的儿

可爱的蚣蝮

子。估计它妈长得比较可爱。

日前在地安门东溜达,竟然发现人们刨出了通惠河的一段遗址,虽然看不大清楚河水的来龙去脉,虽然河里几乎没水,虽然南北两头都是堵死的,但总比没挖出来要好。历史,有时是很有趣的。从桥栏杆再向南便是平安大道了。我想大概不会为了追根寻源把大街给刨了吧。

永通桥

永通桥在朝阳区和通州区交界处,横跨通惠河,算是京师的东咽喉吧。因为距通州城只有8里之遥,又称八里桥。

永通桥

自元代以来,通惠河担负着自运河至京城漕运的重任,而永通桥是此河上唯一的一座大型石桥。它始建于明正统十一年(公元1446年)。这个桥有个奇特之处:因为桥下要通漕运的大船,中间的一孔特高,有8.5米,宽6.7米,民间一直有"八里桥不落桅"之说,盖出于此。而边上两孔仅供流水用,就只有3.5米高、5.5米宽了。

永通桥历史上曾有过两次抗击外敌入侵的惨烈战役,一次为清咸丰十年(1860年),5万名手持大刀的清军在此与有枪有炮的英法联军浴血奋战伤亡惨重;另一次是光绪二十六年(1900年)义和团在此抵抗入侵的八国联军,使得此桥与咱们中华民族抵抗外国侵略的光荣历史永远共存。

朝宗桥

朝宗桥

朝宗桥

顾名思义，建这座桥的目的是去朝见祖宗。它位于北京市北郊的沙河镇北头，横跨大沙河。再往北就是明十三陵，这你就明白了吧，它是明嘉靖十九年（1540年）建成。桥长130米，宽13米。桥是七孔桥，孔的直径8.2米，是北京各桥中孔径最大、桥面最宽的。孔径大可能因为大沙河过去是条奔腾汹涌的大河吧。至于桥面宽就很好理解了，去十三陵的皇家车马，那流量可大了去了。

桥头北面有一石碑，上刻"朝宗桥""明万历四年仲夏吉日立"等字样。爷爷辈造的桥，36年后孙子给补块碑。

桥头碑

通运桥

通运桥在通州区中部张家湾镇北,辽代在此曾开凿运河名萧太后河(今凉水河),并建一木桥。明万历三十一年(1603年)改建为石桥,两年后竣工,神宗赐名通运桥。桥为三孔,当中的一孔宽 8.9 米,边上两孔宽 6.9 米。边券与泊岸石相连处趴着一头蚣蝮,用来镇水。两侧共 46 根望柱,顶端各踞神态各异的石狮。

这个 410 多岁的老桥至今还挺立在凉水河上,忠实地沟通着两岸往来,背负着车马行人。当然啦,汽车看来是走不了啦,车轮子受不了那份颠簸,连自行车都只能溜着边走。其实行人也要小心翼翼,留神别崴着脚。但是你看着那些凹凸不平的大石块,心里总会生出一份岁月沧桑的激动。真给修平了,也许反倒没了精气神了。

通运桥

卷五

长城

长城

早在春秋战国时期,各个诸侯国都曾在山势险要之处修筑高墙相互抵御。有成语道:以邻为壑嘛。秦始皇统一中国后,派大将蒙恬率兵 30 万把零碎的墙体连成一气以防北方民族。汉唐时代中原强大,北方民族却自己打个不停,修长城的必要性不大。到了明代,汉族和北方诸族的矛盾又突出了。于是在洪武二年(1369 年)开始重修长城。主持工程的是著名平倭将领戚继光。北京地区大致完整的长城基本上是明长城。我曾在去延庆的山里见过一段长城,沧桑得不成样子。据当地人说,这是汉代长城。

明代长城西起嘉峪关,横跨甘肃、陕西、宁夏、内蒙古、山西、北京、河北七省、自治区、直辖市,最后到达山海关,总长 5660 公里,是地球上唯一能被卫星所看见的地面建筑。

在长城的设计和施工上,充分体现了当时的军事家和施工者的卓越才华。城墙是长城的主体,随着山体的高低缓陡,墙的厚度、高度、用料均不相同,极富变化。每隔约 120 米还建有大小不同的城堡、关口用以屯兵,每隔 10 公里设烽火台一

戚继光石像

座，如有敌情以狼粪烧烟传递消息。为什么要用狼粪呢？一来那会儿狼比较多，最主要的是狼粪在点火后，冒的烟特别浓，传得远，并且久久不散，便于观察。

金山岭长城

它在密云区东北边，这一段长城的敌楼十分密集，每隔100~200米就有一座，由于城墙走势曲折，打仗时各敌楼的火力交错，互为支撑。有的地方墙内还有2米多高的障墙，即使敌人已攻上城墙，我方也可凭此一墙抵挡一阵。此外，这里还建有拦马墙、空心敌楼、库房等设施，可称得上一个"雄"字。

金山岭基本属于没有大开发的，知道的人不多，去的人也不多。而且当地修长城的原则是维持现状，因此大部分长城看上去破破烂烂，极有沧桑感。站在"废墟"上环顾四周，你会感到中华民族的五千年啊，太伟大，也太不容易了。

当然了，也有为腿脚不大利索的旅游者修得比较整齐的部分。我当初去时爬的就是这部分。新有新的好，旧有旧的味。长城就是长城，雄伟，壮观。世界上也就是能吃苦耐劳的中国人才能修出长城来。

八达岭长城

这段长城在延庆区西南，建于明弘治十八年（1505年）。它雄踞谷口顶端，形势险要。关两侧的长城在山脊上起伏转

金山岭长城

八达岭长城

八达岭雄关

慕田峪长城雄姿

折, 蜿蜒无际, 城墙高大坚固, 平均墙高7.8米, 有些陡坡坡度近45度, 城顶面只能做成台阶状。城墙每隔500米设有空心敌台和附城台。其中敌台用砖拱发券, 下层居住士兵、储存武器, 顶上瞭望和作战, 便于长期坚守。它占了一个"伟"字。

我得说, 八达岭因为宣传得太厉害, 因此商业气息太浓。而且修得太新了, 少了许多历史的真实感。除了二外——外国人、外地人, 我们北京人很少有去这里人挤人的。

慕田峪长城

慕田峪长城位于怀柔区城北, 东连古北口, 西接居庸关, 其敌楼形式变幻多端。它背靠军都山, 墙体依山势的高低而起伏。这里原有明代之前的老墙, 它们已矮到不起战略作用了。戚继光在此基础上把墙体加高了5~7米。顶部马道宽4米, 可跑一辆大奔, 如果它能上去的话。慕田峪长城周围环境优美、植被丰茂, 具有很高的观赏价值, 可称得上"秀"字。

还有一个其他长城没有的特点, 令我不明白, 就是人家的城墙向外的一面女儿墙上有射孔, 向内的一面是没雉堞的, 而慕田峪长城两面都有雉堞。难道它怕腹背受敌不成?

司马台长城

这段长城在密云区东北部, 距离市区有120公里。始建于北齐年间(公元550~577年), 明万历年间(公元

慕田峪长城两边都有垛口

1573~1619年）重修。其长度不算长，才19公里，然而敌楼倒有35个。一峡谷穿过，将长城砍做东西两段。西段山势比较平缓，其间有20座敌楼。城墙像条龙似的在山间舞动。东段长城山峰陡峭，地势险峻，素以"险"字著称。最陡之处山崖近乎90度，墙体才有40厘米宽，似天梯扶摇直上，令人望而生畏，攀之气喘。15座敌楼中，仙女楼建筑精美，天桥雄奇壮观。如果你能攀上最高处的望京台，在天气晴好时可以看见北京。

司马台长城

司马台长城敌楼和望京台

跋：我的北京

常常不明白我算不算是老北京。说不算吧，我确实在北京从4岁长到60多岁，如果继续活着（这种可能性极大），以后的日子恐怕也多数在北京过。以活到84岁计，在北京陆陆续续待80年，还不算"老"吗？说算吧，我不是在北京出生的。论起"生与斯，长于斯"，就有点儿底气不足。加之我生活的地域既不在北京城里，也不在北京乡下，而是在一个不城不乡的地方——清华大学里。对北京城里的好多物事儿，就不大了解。虽然不够纯粹，但我还是爱以北京人自居。我爱北京的一切：那如诗如画的风景、那四季分明的气候、那宏大气派的建筑。更爱北京人的一切：带些儿化的口音、苦中作乐的脾气、南北兼收的吃食。

谈到北京人，梁实秋如是说："北平，不比十里洋场，人民的心理比较保守，沾染的洋习较少较慢。东交民巷是特殊区域，里面的马路特别平，里面的路灯特别亮，里面的楼房特别高，里面打扫得特别干净，但是望洋兴叹与鬼为邻的北平人却能视若无睹，见怪不怪。北平人并不对这一块自感优越的地方投以艳羡眼光，只有二毛子、准洋鬼子才直眉瞪眼地往里钻。地道的北平人，提着笼子架着鸟，宁可到城根儿去溜达，也不肯轻易踱进那一块瞧着令人生气的地方。"

而郁达夫又是怎样看北京的呢？他像谈自己的情人一般深情地写道："所以在北平住上两三年的人，每一遇到要走的时候，总只感到北平的空气太沉闷，灰沙太暗淡，生活太无变化；一鞭子出走，出前门便觉胸舒，过卢沟方知天晓，仿佛一出都门，就上了新生活开始的坦道似的；但是一年半载，在北平以外的各地——去一住，谁也会得重想起北平，再希望回去，隐隐地对北平害起剧烈的怀乡病来。"

北京人，固然是不同于中国乃至世界各地的人——以其天子脚下的地位，以其燕赵悲歌的情调，以其南北兼收的品位。但这些内在的东西，不易被人短时期所察觉。起码旅游的人不会是坐着飞机乘着火车专程品味北京人来的。然而北京的建筑明晃晃地戳在路旁，北京的长城弯曲曲地盘在山上，以其雄伟、华丽、端庄、气派，吸引着各地的人，也感动着北京人自己。这其中必有它的道理。看完这本书，也许你能对它的原因品出一两分来。那我的目的就达到了。

参考文献

[1] 梁思成. 中国建筑史. 天津：百花文艺出版社，1998.

[2] 程裕祯等. 中国名胜古迹词典. 北京：中国旅游出版社，2001.

[3] 中国历史年代简表. 第2版，北京：文物出版社，1994.

[4] 胡丕运. 旧京史照. 北京：北京出版社 1996.

[5] 罗哲文. 透过镜头——中国古代建筑精华. 郑州：大象出版社，2005.

[6] 张复合. 北京近代建筑史. 北京：清华大学出版社，2004.

[7] 陈志华. 外国建筑史（十九世纪末叶以前）. 北京：中国建筑工业出版社，1979.